suhrkamp taschenbuch 1513

Hans Jonas, geboren 1903, studierte bei Husserl, Heidegger und Bultmann. 1928 promoviert er bei Heidegger und Bultmann über den Begriff der Gnosis. 1933 Emigration nach England, 1935 nach Palästina. 1949 Übersiedlung nach Kanada, 1955 nach USA. Dozenturen und Professuren in Jerusalem, Kanada und USA. Von 1982 bis 1983 erste Eric-Voegelin-Gastprofessur an der Ludwig-Maximilians-Universität in München. 1987 erhält er den Friedenspreis des Deutschen Buchhandels. Seine Bücher im suhrkamp taschenbuch: *Das Prinzip Verantwortung. Versuch einer Ethik für die technologische Zivilisation* (st 1085), *Macht oder Ohnmacht der Subjektivität? Das Leib-Seele-Problem im Vorfeld des Prinzips Verantwortung* (st 1513) und *Technik, Medizin und Ethik. Zur Praxis des Prinzips Verantwortung* (st 1514).

Für *Macht oder Ohnmacht der Subjektivität?* gilt angesichts des wiedererwachenden Ich-Bewußtseins dasselbe wie für *Das Prinzip Verantwortung:* »Wer Jonas folgt, sieht sich in neuentdeckter Verantwortung. Wer ihm nicht folgen will, wird ihm zumindest zugeben, daß er interessant argumentiert und eine Fülle von Überlegungen zum eigenen Weiterdenken anregt, beispielsweise über Identität und Interesse: Sollen die Menschen eher versuchen, ihre Identität zu wahren, auf die Gefahr, an einer veränderten Umwelt zu scheitern ...? Oder sollen sie, weil das Interesse am Überleben den Vorrang hat, sich bis zum Verlust der Identität jenen neuen Konstellationen anpassen, die sie selber vielfach herbeigeführt haben?«

Rolf Breitenstein, *Frankfurter Rundschau*

Hans Jonas

Macht oder Ohnmacht der Subjektivität?

Das Leib-Seele-Problem im Vorfeld des Prinzips Verantwortung

Suhrkamp

Umschlagfoto: Isolde Ohlbaum

suhrkamp taschenbuch 1513
Erste Auflage 1987

Lizenzausgabe mit freundlicher Genehmigung
des Insel Verlags, Frankfurt am Main
Suhrkamp Taschenbuch Verlag

Druck: Ebner Ulm
Printed in Germany
Umschlag nach Entwürfen von
Willy Fleckhaus und Rolf Staudt

2 3 4 5 6 – 92 91 90 89 88 87

Dem Freunde
Wilhelm Magnus

VORWORT

Die hier gesondert vorgelegte Untersuchung ist im Zuge der Arbeit an meinem Buch DAS PRINZIP VERANTWORTUNG entstanden und sollte in dessen ursprünglicher Komposition zwischen dem dritten und vierten Kapitel als ein Exkurs eingeschaltet werden, dessen systematische Notwendigkeit aus der Diskussion von *Zwecken* und ihrer Stellung im Sein hervorging (siehe dort S. 126 f.). Seine Beibehaltung an dieser Stelle wäre aber schon durch seine Länge eine Überbelastung des Buches mit einem Spezialproblem gewesen, außerdem in der Sache für den Leser eine vielleicht störende Unterbrechung des gradlinigen Gedankenganges, der in diesen Kapiteln vom Biologischen zum Ethischen führt. Aus solchen Erwägungen wurde das Stück aus der Druckfassung ausgelassen. Aber bereits im Vorwort (S. 10) wurde seine Unentbehrlichkeit für eine Grundlegung der Ethik betont und seine spätere Vorlage als unabhängige Abhandlung versprochen. Zwar liegt die Unentbehrlichkeit nur in der Hinwegräumung eines Irrtums, dessen Herrschaft eine Begründung der Ethik unmöglich macht, ohne daß die Hinwegräumung für eine solche Begründung mehr tut als sie eben zu ermöglichen. Aber der Irrtum – nämlich, daß der Geist gegenüber der Materie ohnmächtig sei – ist doch dank des ihn (scheinbar) stützenden Prestiges der Naturwissenschaft so mächtig, daß er ein ernstes theoretisches Hindernis bildet, und so mußte man sich der undankbaren, weil durchaus negativen Mühe seiner Destruktion einmal unterziehen. Es handelt sich also um eine Wiederaufnahme des altersgrauen, sogenannten *psychophysischen Problems*.

Was die gegenwärtige Veröffentlichung darbietet, ist jener ursprüngliche »Exkurs«, vermehrt um einen ausführlichen *Nachtrag*, zu dem es auf folgende Weise kam. Im Jahre 1976 hatte ich von dem schon länger im deutschen Manuskript des noch fortschreitenden Buches vorliegenden Zwischenstück eine verkürzte englische Fassung veröffentlicht[1], und dies hatte die hochwillkommene Folge, daß ihre Lektüre Herrn Professor *Kurt Friedrichs* vom Courant Institute of Mathematical Sciences of New York University dazu bewegte, mein Argument mit mir vom Standpunkt der theoretischen Physik durchzusprechen. Völlig einverstanden mit meiner Widerlegung der Epiphänomen-These (dem Hauptanliegen des Aufsatzes) und ebenso überzeugt wie ich, daß nur die Annahme einer echten Wechselwirkung zwischen Leib und Seele den Tatsachen gerecht wird, war er bestrebt, das hierdurch gestellte Kausalitätsproblem mit den Mitteln der Quantenmechanik anzugehen und durch Einbeziehung dieser Dimension das von mir zu seiner Lösung konstruierte Gedankenmodell zu berichtigen, zu ergänzen und zu verfeinern. Einem naturwissenschaftlichen Laien wie mir konnte nichts Besseres widerfahren. So kam es im Sommer 1977 zu einer Reihe intensiver Gespräche, aus deren Protokollen der hier mit Erlaubnis von Professor Friedrichs dem Aufsatz angefügte *Nachtrag* hervorging. Der Aufsatz selbst wurde unverändert gelassen, um meinen Denkversuch und die ihm großzügig zuteil gewordene Verbesserung gehörig auseinanderzuhalten. Prof. Friedrichs sei auch hier mein Dank ausgesprochen. Der Nachtrag ist aber kein Verbalprotokoll, und so trage ich auch für das, was darin in Kurt Friedrichs' Namen gesagt wird, allein die Verantwortung.

Dank sei hier auch dem Verlag J. C. B. Mohr in Tübingen ausgesprochen für die Erlaubnis zum Nachdruck des im *Anhang* wiedergegebenen Materials.

Einleitung:
Eine Episode aus der Geschichte der Naturwissenschaft

Ich beginne mit einer Episode aus der Geschichte der Wissenschaft. Etwa um das Jahr 1845 bildete sich in Berlin eine Gruppe gleichgesinnter junger Physiologen, Schüler des berühmten Johannes Müller, die die Physiologie in eine »exakte« Wissenschaft umgestalten wollten und sich zu wöchentlichen Zusammenkünften im Hause des Physikers Gustav Magnus einfanden.[2] Zwei von ihnen, Ernst Brücke und Emil du Bois-Reymond, »verschworen« sich förmlich, »die Wahrheit geltend zu machen, daß im Organismus keine anderen Kräfte wirksam sind als die gemein physikalisch-chemischen«.[3] Bald trat dem Bunde als dritter der junge Helmholtz bei, den sie 1845 bei Magnus kennenlernten.[4] Alle drei, jeder zu hohem Ruhm aufsteigend, blieben dem Ziel ihrer Jugend treu – mit glanzvollem wissenschaftlichem Erfolg. Was ihnen entging, war die Tatsache, daß sie mit dem Eingehen eines Versprechens (denn das war ihre »Verschwörung«) dem besonderen Inhalt *dieses* Versprechens bereits zuwider handelten. Denn sie banden sich ja nicht daran – woran man sich gemäß ihrem Grundsatz gar nicht erst zu binden braucht – in alle Zukunft den Molekülen ihrer Gehirne ihren kausal vorgezeichneten Lauf zu lassen und ihnen zu erlauben, ihr Denken und Sagen zu bestimmen (wenn sie dies ohnehin tun), sondern sie banden sich für die Zukunft an die Treue zu einer gegenwärtigen Einsicht, erklärten also *für sich* wenigstens ihre Subjektivität zum Herrn über ihr Verhalten. In der Tatsache des Gelöbnisses trauten sie einem ganz und gar Nichtphysischen, ihrem Verhältnis zur Wahrheit, eben *die* Macht über das Benehmen ihrer Gehirne zu, die sie im Inhalt des Gelöbnisses generell verneinten. »Sich« trauten sie zu (was immer dies rätselhafte Reflexivpronomen bezeichnen mag), jene Moleküle oder elektrischen Ströme (oder womit sonst das Gehirn physikalisch agiert) sozusagen zur Ordnung rufen zu können, wenn sie sich auf Irrwege begäben – etwa »ihnen« vorspiegeln sollten, daß »sie« eben dies könnten! In den Abgrund dieses besonderen Paradoxes brauchen wir jetzt noch nicht zu tauchen. Es genügt zu sehen: Etwas versprechen, mit dem Glauben an die Fähigkeit, es zu halten, und an die gleicherweise eingeschlossene Alternative, es auch brechen zu können: das räumt eine Kraft in der Summe der Wirklichkeit ein, die verschieden ist von den in der Wechselwirkung inorganischer Körper wirksamen, »der Materie inhärenten« Kräften. »Treue« wäre eine solche Kraft, wie jede Herrschaft über das Verhalten, d. h. über den *Leib*: und sie wäre wirksam »im Organismus«! Eine vom Inventar der Naturwissenschaft ausgeschlossene Kraft wird so angerufen, um den Gang der Wissenschaft selbst zu sichern, der ohne Vertrauen auf jene fremde Kraft nicht einmal hätte beginnen können. Noch der Akt der Ausschließung beschwört das Ausgeschlossene zu seiner Bekräftigung.

Dennoch hatten die jungen Forscher methodisch

recht, die Psyche (und jede Sonderkraft, die der »Vitalismus« für organisches Leben annehmen zu müssen glaubte) vom wissenschaftlichen Programm des Leibesstudiums auszuschließen. Dies ist die echte Antinomie der theoretischen Situation, der niemand ausweichen kann.

Was aber die vertrackte Psyche selber anlangt – das Bewußtsein oder die Subjektivität –, die nun einmal da ist, sogar noch unleugbarer da als der Körper; und wie es vom Physischen her dazu kommt; und wie man sich ihre Koexistenz mit der physischen Basis zurechtlegen soll: so prägte dafür 27 Jahre später einer der Drei, du Bois-Reymond, die berühmt gewordene Formel ›ignoramus et ignorabimus‹.[5] Der Unwille vieler Wissenschaftler über diesen Defaitismus war groß, aber ich vermute, er hatte recht *innerhalb der Erkenntnisnormen der Naturwissenschaft*. Und die Philosophie seit Descartes kann sich keines besseren Erfolges rühmen.

Doch das Gespenst des psychophysischen Problems fährt fort, den Schlaf der Philosophie wie der Naturwissenschaft zu stören. Die Vernunft, wie der Entsager Kant betonte, kann von dem Problem nicht lassen, noch kann sie sich (entgegen Kant) hier mit einer bloßen Antinomie abfinden: vielleicht braucht sie es auch nicht. Sicher ist, daß weder die Einseitigkeit des Materialismus noch die des Idealismus das Gespenst zur Ruhe legen kann. (Der Dualismus einer früheren Denkepoche scheidet für den modernen Geist aus.) Nur der Materialismus wartet mit einer Lösungsformel auf, der die Naturwissenschaftler sozusagen von Zunft wegen zuneigen, wie sie denn auch ihnen zuliebe ersonnen wurde, die jedoch keinem Nachdenken standhält – nicht einmal dem eng naturwissenschaftlichen, wie wir zeigen wollen, geschweige denn einem, das den Geist nicht weniger ernst nimmt als den Stoff. Da gibt es zwar noch die kantische Lösungsformel, die auf der Unterscheidung von ›Erscheinung‹ und ›Ding an sich‹, von sinnlicher und intelligibler Welt (phaenomenon und noumenon) basiert, deren Verhältnis für unerkennbar erklärt wird, so wie schon das ›Ding an sich‹ es ist, in dem die Wahrheit der geistigen Existenz aufgehoben sein soll. Doch damit ist uns nicht gedient, denn wir wollen ja gerade wissen, wie der *erscheinende* Geist in der erscheinenden Welt steht, welches *dort* ihr Wechselverkehr und ihr Kausalitätsverhältnis ist, und da verweist uns Kant an denselben totalen Determinismus der Körperwelt, den auch der Materialismus behauptet, und dazu noch an den ebenso stringenten psychologischen Determinismus der ja ebenfalls »erscheinenden« Seele, d. h. des in innerer Wahrnehmung Gegebenen. In beiden ist Freiheit nicht anzutreffen. Diese ist nach Kant Sache des sittlichen *Glaubens*, der sie im unwißbar Intelligiblen hinter der Erscheinungswelt postuliert. Das kommt für die Erscheinungswelt, in der allein unser *Wissen* sich bewegt, auf denselben Agnostizismus hinaus,

den du Bois-Reymond bekannte, und wir können sein ›ignorabimus‹ wohl überhaupt als ein spätes Echo des kantischen Verzichtes ansehen.
Aber muß es dabei bleiben? Wir meinen, nein. Vor allem darf es nicht dabei bleiben. Denn so unschuldig und bloß enthaltsam das Bekenntnis des Nichtwissens vor dem Unwißbaren klingt, so überläßt es doch das Feld positiver Aussagen uneingeschränkt dem naturwissenschaftlichen Dogmatismus, und der kann nicht anders als die Seele (das Bewußtsein) zur Ohnmacht in der objektiven Welt zu verurteilen, welche nach seinen Normen allein erklärt werden muß. Danach wären wir Puppen der Weltkausalität. Damit aber wird der Lehre von der Verantwortung jeder Boden entzogen. Um ihretwillen müssen wir uns das leidige psychophysische Problem, so intraktabel es sich seit je erwiesen hat, neu ansehen. Eine endgültige Lösung darf nicht erwartet werden. Aber auch wenn (wie wahrscheinlich) ein letztes ›ignorabimus‹ unerbittlich am Ende auf uns wartet, so läßt sich doch dem *vollständigen* Nichtwissen einiger Boden abgewinnen, wenn wir wenigstens das Fragefeld von verzerrenden und hindernden Begriffsirrungen freimachen. Vielleicht erschließt sich dabei etwas Besseres als der krasse Zusammenprall von Inkompatiblen, welcher schließlich selber eine positive Behauptung ist und als solche irrig sein kann. Kompatibilität allein wäre schon ein entscheidender Gewinn.

Unsere Leitfrage ist die nach dem Status der *Subjektivität* im Gesamtgefüge der Wirklichkeit – also (mit nur scheinbarer Paradoxie) die nach ihrer *objektiven* Stellung im Sein. Ich werde zuerst das von der naturwissenschaftlichen Weltsicht gestellte »psychophysische Problem« auseinanderlegen; dann die »Epiphänomen«-Formel erörtern, mit der es einseitig den vermeintlichen Erfordernissen der Naturwissenschaft oder des Materialismus gefügig gemacht wurde; schließlich, als Vorschlag zu weiterer Diskussion, mich an einer Hypothese versuchen, die dem zweigeteilten Gegebenen unserer Erfahrung besser als bisher gerecht wird.

Der Streitgegenstand im psychophysischen Problem: Wahrheit oder Lüge des Bewußtseins

Es gibt Subjektivität. Sie ist entweder, was sie zu sein vorgibt, oder sie führt ein Schauspiel auf, hinter dem sich ein anderes Geschehen verbirgt. Im ersten Fall ist ihr Zeugnis – z. B. daß ich meinen Arm hebe, weil ich es will – glaubwürdig; im zweiten ist es Täuschung, nämlich eine bloße Kostümierung neurophysiologischer Prozesse, die im Kostüm des Willens paradieren, aber den Arm ohne Willen und ohne Zutun eines Willens heben. Der Standpunkt, der das Psychische für wirksam hält, bleibt im Einvernehmen mit dessen eigener Aussage und bedarf weiter keiner Gründe; der Standpunkt, der ihm seinen Anspruch verneint, muß hierfür besondere Gründe haben. Diese, so stark sie sein mögen, können die bestrittene Aussage selber nicht zum Schweigen bringen; insofern ist der ständig von ihr genährte, natürliche Standpunkt psychologisch unaufhebbar. Aber des Vorrechtes der Naivität beraubt, wenn die Frage der Glaubwürdigkeit erst einmal aufgeworfen ist, muß er sich jetzt gegen jene Gründe verteidigen, da beim ernsthaften Verdacht einer Illusion selbst deren Unwiderstehlichkeit aufhört, für sie zu sprechen. Andererseits muß der Verdacht eben ernsthaft sein, und so müssen zuerst die Gründe geprüft werden, die der unmittelbaren Evidenz hier ihre Gültigkeit bestreiten und die Naivität in die Lage des Theaterbesuchers versetzen, der die Vorgänge auf der Bühne für ernst nimmt.

Es ist klar, daß nur die stärksten Gründe Gehör

verdienen, wo es darum geht, alles Innenleben zum Schein zu verurteilen. Solcher Gründe gibt es, soviel ich sehe, zwei; auf sie will ich mich hier unter Ignorierung aller schwächeren[6] beschränken: (I) daß eine Wirkung des Psychischen auf das Physische *unvereinbar* ist mit der immanenten Vollständigkeit physischer Determination, d. h. daß die letztere eine solche Einmischung aus anderer Sphäre nicht duldet: dies nenne ich das »Unvereinbarkeits-Argument«; und (II) daß das Psychische zu solcher Einmischung auch gar nicht *imstande* ist, weil es selber nichts als eine einseitig abhängige Begleiterscheinung physischer Vorgänge ohne eigene Kraft der Determination ist: dies nenne ich das »Epiphänomen-Argument«. Der erste Grund argumentiert also von der Natur des Physischen, der zweite von der Natur des Psychischen her. Wie stark ist jeder von ihnen?

I.

Die These von der physikalischen Nichtzulassung psychischer Ursachen (Das Unvereinbarkeits-Argument)

1. *Das Argument*

Daß der physikalische Naturzusammenhang keine Einmischung nichtphysischer Ursachen in sein Determinationsgefüge duldet, folgt aus der Herrschaft der Naturgesetze, besonders der Erhaltungsgesetze, die jedesmal verletzt würden, wenn eine Wirkungsgröße ohne physische Vorgängerschaft der bisherigen Summe hinzugefügt oder ohne physische Nachfolge von ihr abgezogen würde. Das würde sich ereignen, wann immer im *Handeln* von Lebewesen der Weiterverlauf der Dinge anders ist, als er ohne Intervention des Psychischen, nach dem bloßen Kausalgetriebe der Körperwelt, sein würde. Wenn aber die Konstanzgesetze unbedingt gelten, kann es einen derartigen Einfluß des Psychischen auf das Physische nicht geben[7] und die Dinge verlaufen ausschließlich nach der physikalischen *concatenatio causarum*. Ergo ist die Zutat des Psychischen bei den Lebewesen für diesen Verlauf – für ihr »Verhalten« – entbehrlich und überflüssig (allerdings auch nicht störend); ergo ist die dabei auftretende Vorstellung von Zwecken usw. (Gefühle des Wollens und Tuns, aber auch schon die Sinnesvorstellung ihrer Objekte) nur ein trügerischer Schein für das kausale

Arbeiten der Körpermechanismen – ein Trug, dessen Anwesenheit nicht einmal durch einen Zweck entschuldigt ist, da sie ex hypothesi eben für das so Ausstaffierte selber zwecklos ist: ein zweckloser Trug des Zweckes.

2. *Kritik*

Die Kritik muß zuerst rein immanent sein, also von der Absurdität der Folgerung noch ganz absehen: wie stichhaltig ist das Argument selbst?

a. Der Idealcharakter des unbedingten Physikalismus

Als erstes ist zu bemerken, daß das Argument sich nicht einfach auf die Geltung der Konstanzgesetze beruft, die als induktiv bewiesen anzusehen ist, sondern auf ihre *unbedingte*, d. h. ausnahmslose Geltung, die ihrer Natur nach unbeweisbar ist.[8] Grundsätzliche Unverletzlichkeit gehört zum logischen Wesen mathematischer, aber nicht faktischer Regeln; bei letzteren wird sie erst von uns um der Idee der Gesetzlichkeit willen *postuliert*. Das Postulat entspringt einer Idealisierung und drückt ein Ideal aus. Die Unvereinbarkeit, die das Argument feststellt, ist also nicht die mit verifizierten Einzeltatsachen der Streitsphäre selbst, sondern die mit einem allgemeinen *Ideal* der Seinsklasse, in die sie fällt – der durch die Physik beschriebenen. Sie ist daher von dem Verbotstyp, daß nicht sein kann, was nicht sein darf. Die Kraft dieses »darf« richtet sich nach der theoretischen Dignität, die das Ideal für sich beanspruchen kann und mit der letztlich wir es ausgestattet haben. Gewiß ist, daß es als von uns gesetztes auch von uns überprüfbar und gegebenenfalls modifizierbar ist.

b. Logik des Vereinbarkeitsproblems

Ferner besagt ein Unvereinbarkeitsargument überhaupt an sich nicht mehr als eine Denkschwierigkeit und läßt zu ihrer Behebung noch offen, *was* hier zu revidieren ist: der Begriff dessen, was mit einer Norm vereinbar sein soll, oder die Norm, die sich der Vereinbarung widersetzt, oder beides? Der Entscheid dieser, bei Unvoreingenommenheit noch offenzuhaltenden, Frage wird von einem Vergleich der beiderseits im Spiel befindlichen Evidenzstärken abhängen; aber auch von einem Vergleich der Folgen, die sich im einen und andern Fall aus der Revision ergeben: in unserem Fall, was aus der Natur wird, wenn man ihre kausale Reinheit trübt, was aus dem Geiste, wenn man ihm seine Wirkfähigkeit nimmt. Den Ausschlag wird geben, was unveräußerlicher ist, d. h. welches Opfer zu theoretisch unmöglicheren Folgen führt. Sollten beide gleich unannehmbar sein, so bliebe der Konflikt unversöhnt, womit man sich denn, da es ja für den Menschen unlösbare

Probleme geben kann, bescheiden müßte. Unerlaubt aber ist der dogmatische Vorentscheid für eine Seite als die sakrosankte Norm. Eben dies liegt vor, wenn unser Argument von der Feststellung der Unvereinbarkeit zum Entscheid über die Ohnmacht und bloße Scheinbarkeit des Psychischen fortschreitet. Also stellt das Unvereinbarkeitsargument in seinem erlaubten Teil erst ein Problem, entscheidet es aber noch nicht. Das Problem allerdings ist ernst genug und *hierin* besteht die Stärke des Arguments.

c. Historische Überspitzung des deterministischen Ideals

Der Ernst des Problems liegt in der Herausforderung der materialistischen Naturwissenschaft an die innere Erfahrung, die zwar unmittelbare Selbstgewißheit, aber keine systematische Wissenschaft auf ihrer Seite hat, während die Naturwissenschaft für ihr Seinsideal zwar keine unmittelbare Evidenz, aber seine ständige heuristische Bewährung in der Systematisierung der Phänomene vorweisen kann. Wegen dieser erprobten Dignität ist ein Konflikt mit dem Ideal ein ernsthaftes Problem. Aber in dem psychophysischen Unverträglichkeits-Verdikt wird dem Ideal mehr zugebilligt, als ihm nach seinem heuristischen Ertrag (der einzigen Evidenz) zusteht und als nötig ist, um seine berechtigte Position zu wahren. Der unbedingte Determinismus hat immer ein größeres Wissen von der Natur prätendiert, als wir besitzen und je besitzen können. Die Geltung der Konstanzgesetze läßt Grade der Strenge im Detail zu. Daraus, daß etwas im Ganzen gilt, folgt nicht, daß es in allen Teilen bis in die kleinsten hinab gilt, und was für das Endergebnis, auch für alle Mittelglieder gilt, und was für meßbare Zeitspannen, auch für jeden Augenblick. Die identische Geltung für jeden Teil und jeden Fall setzt eine Genauigkeit der Natur voraus, die jedes »ungefähr« und »annähernd« ausschließt und die Natur so rein wie die Mathematik macht. Von dieser wurde die Idee einer solchen absoluten Genauigkeit, wie auch der für sie benötigten Homogenität des Ganzen und der Teile, entlehnt. Der Natur gegenüber kann sie nicht mehr als ein Postulat sein, mit dem der ordnungsliebende Menschengeist vielleicht ihr etwas andichtet, vielleicht ihr wahres Wesen trifft. Als in sich *denk*notwendig jedenfalls, wie einst von Spinoza und anderen (darunter auf eigene Weise auch Kant), wird das Ideal der Strenge in seinem ontologischen Sinne heute wohl von niemand mehr angesehen; und von seiten der Phänomene hat der Gang der Naturwissenschaft selbst zu seiner grundsätzlichen Temperierung geführt – d. h. zur Ablösung des Bildes der Naturgesetzlichkeit vom Vorbild der Geometrie –, ohne daß dies verheerende Folgen für die Naturwissenschaft gehabt hätte. Strenge der Natur und Strenge der Naturerkenntnis sind auseinandergetreten, d. h. ein Weniger an deterministischer Strenge im Naturbild mag gerade zur Strenge wissenschaftlicher Wahrheit gehören. Und sollte der psychophysische Vereinbarkeitskonflikt sich auf der Ebene der Kleinstvorgänge austragen lassen, so gälte nicht mehr das einstmalige, grimmige Entweder–Oder: entweder eine ausschließlich materiell determinierte oder aber eine regellose Natur, entweder Immunität von psychischer Einmischung oder Abdankung der Naturwissenschaft. Hierzu wird weiter unten ein hypothetischer Vorschlag unterbreitet werden. Jetzt kommt es nur auf die Feststellung an, daß auf der physischen Seite, bei der allein ja die Schwierigkeit liegt, der Preis für die Einräumung psychophysischer Wechselwirkung nicht so hoch zu sein braucht, wie das absolute Exaktheitspostulat es erscheinen ließ. Es steht keineswegs das Ganze der Naturordnung und das Ganze der Naturerkenntnis auf dem Spiel, wenn die Strenge des Erhaltungsprinzips soweit gelockert wird, um den erforderlichen Raum zu lassen. Auch wenn wir nicht wissen, *wie* die Wechselwirkung stattfindet, können wir doch sagen, daß ihr Stattfinden das physische System nicht erschüttern muß. Die Logik des »Alles oder Nichts« ist hier nicht am Platz. Also sind die Folgen der theoretischen Revision, die um der Vereinbarkeit willen vom *Physischen* verlangt wäre, nicht notwendig zerstörend für seinen wissenschaftlichen Begriff. Dagegen wird sich zeigen, daß die alternativ dem

Psychischen abverlangte Konzession, nämlich Verzicht auf kausale Kraft, dessen ganzen Sinn zerstören würde und zum Überfluß auch in das derart erfolgreich verteidigte Physische einen Widerspruch trägt, der es zu einer Karikatur der Natur überhaupt werden läßt.

II.
Die These von der Kraftlosigkeit des Psychischen
(Das Epiphänomen-Argument)

Hiermit gehen wir von dem bisherigen Argument, daß das Physische keine psychische Einmischung duldet, zu dem zweiten über, daß es sie auch nicht zu fürchten hat, da die Natur des Psychischen jeder kausalen Kraft bar ist. Dieses kommt an zweiter Stelle, weil es bereits auf die vorentschiedene Sakrosanktheit physischer Determination hin und zwecks Anpassung an sie konzipiert ist: Da jene Sakrosanktheit nach dem Machtspruch des wissenschaftlichen Postulats für unveräußerlich gilt, geschah seit Auftreten des eben dadurch geschaffenen psycho-physischen Konfliktes der Ausgleich immer auf Kosten der psychischen Seite, obwohl für sie dabei das Ganze auf dem Spiele steht.[9] Insofern ist die »Epiphänomen«-These, der wir uns jetzt zuwenden, nur eine Folgerung und keine Begründung. Sie hat aber auch ihre eigenen Gründe, die sich mit denen der physikalischen Kausal-Autarkie verbünden und ein Argument ergeben, das etwa folgendermaßen lautet:

1. Das Argument der »Epiphänomen«-These

a. Vorrang der Materie vor dem Geist

Es gibt Materie ohne Geist, aber nicht Geist ohne Materie. Das erstere lehrt die ganze leblose und ein großer Teil der lebenden Natur, das letztere die Tatsache, daß aller Geist (der hier jeden Modus der

Subjektivität umfassen soll) nur in Verbindung mit bestimmt organisierter Materie – Organismen, Nerven, Gehirnen – auftritt und kein Beispiel körperlosen Geistes bekannt ist. Hieraus ergibt sich, daß der Stoff selbständiges und ursprüngliches, der Geist von ihm bedingtes und abgeleitetes Sein hat.

Ferner lehrt die Erfahrung, daß die Materie in diesen Organisationsformen nicht nur die ermöglichende Grundlage oder Voraussetzung für die *Existenz* des Geistes, und nicht nur sein Hervorbringer ist, sondern auch die bestimmende Ursache für sein *Arbeiten* und all seine jeweiligen Inhalte – also »bedingend« in jedem Sinne. Für die Sinneserfahrungen und manche Gefühle ist dies demonstrierbar und von da auf die Denkvorgänge, für die es noch nicht demonstriert ist, in rechtmäßiger Extrapolation auszudehnen. All diese inneren, subjektiven Phänomene sind also physisch verursacht.

Sie können aber ihrerseits aus dieser ihrer Verursachung keine Ursächlichkeit für sich selbst gewinnen (wie sonst Verursachtes), da sie nichts anderes als Ausdruck dessen sind, was jeweils im physischen Substrat vorgeht: was nur ausdrückt, kann nicht das Ausgedrückte beeinflussen; aber auch nicht sich selbst, da es schon damit aufhören würde, bloß Ausdruck zu sein. Also kann die induzierte Erscheinungsschicht des »Subjektiven« sich nicht selbständig machen und kann weder auf die induzierende Realschicht zurückwirken, noch auch nur im eigenen Spielfeld sich selber determinieren. Ihr reines Als-Ob-Spiel, das beides prätendiert, hat also nur den Unterhaltungswert einer Illusion.

b. Die Vollständigkeit physischer Determination

Ihrerseits (siehe erstes Argument) ist die Realschicht – das, was im physischen Substrat vorgeht – in ihrer eigenen Determination komplett, läßt also nirgends die Einschaltung eines heterogenen Gliedes in ihre Kausalkette zu, davon zu schweigen, daß sie ihrer nicht bedarf. Diese Erwägung vereinigt sich mit der vorigen zu der Schlußfolgerung, daß im Falle des Arm-Hebens *nur* die objektive, neuro-muskuläre Erklärung (oder Beschreibung) die richtige ist, die subjektive – nach »Willen« und »Absicht« – aber eine inadäquate symbolische Umschreibung dafür ist. Neurologie, Kommunikationstheorie und Kybernetik arbeiten daran, dieses für die höheren Bewußtseinsfunktionen noch weithin leere Postulat durch konkret-mechanistische Erklärungen bis in die verwickeltsten zerebralen Prozesse hinein einzulösen. Die Anfangserfolge mindestens in der gedanklichen Modellkonstruktion berechtigen zu der Erwartung, daß dies Erklärungsunternehmen in seinem Fortschreiten auf keine grundsätzliche Schranke stoßen wird.

Im übrigen liegt die Beweislast bei den Spiritualisten, die sagen sollen, wie sie sich eine Emanzipation des Gehirnprodukts und seine Einwirkung auf das produzierende Substrat, wie das Einschlüpfen einer zusätzlichen Determination in dessen lückenloses Kausalgewebe, wie überhaupt eine Bewegung physischer Teilchen durch nichtphysische Beweger vorstellen. Das Scheitern jedes Versuchs, ein Denkmodell insbesondere für das letztere zu konstruieren, ist zuversichtlich vorauszusagen.

c. Das Kriterium der Sparsamkeit

Der Gegeneinwand, daß sich auch die Entstehung des Gehirnproduktes selbst, d. h. des Epiphänomens der Subjektivität, aus dem in sich selbstgenügsamen Stoffgeschehen nicht vorstellen oder »erklären« läßt, ist mit du Bois-Reymonds berühmtem *ignoramus et ignorabimus* zu beantworten. Das Erscheinen der Erscheinung ist einfach hinzunehmen. Dieselbe Zuflucht steht der anderen, die Wechselwirkung behauptenden Seite nicht offen, da sie ja gerade ein theoretisch hinlängliches, sparsames Modell, nämlich das der neuro-zerebralen Suffizienz, durch ein weniger sparsames ersetzen will, das unter seinem Mehr an Annahmen auf jeden Fall *auch* die eine unerklärte des sparsameren Modells mit enthalten muß (nämlich die, daß überhaupt Gehirnvorgänge zu Bewußtseinsvorgängen führen können, z. B. bei der Sinneswahrnehmung). Wer hier die Umkehrbarkeit der Kausalrichtung annimmt, behauptet mehr, als der, der ihre Einsinnigkeit annimmt. Dazu ist die angenommene Einsinnigkeit in sich selbst kausal unschuldig, da der Begriff des Epiphänomens, als einer bloßen Begleit-*Erscheinung*, eben *keine* Umwandlung physischer Energie in eine nichtphysische Form, mit einem entsprechenden Ausfall aus der weiteren physikalischen Rechnung, involviert. Die Minimal-Annahme braucht sich daher nicht wegen Beweismangels vor der beweispflichtigeren größeren Annahme zu verteidigen. Wer zweimal »ignoramus« sagen muß, einmal auf dem Hinweg zum Subjektiven, einmal auf dem Rückweg von ihm, kann den nicht verklagen, der es nur einmal sagen muß.

d. Entbehrlichkeit des subjektiven Zwecks

Unter den Subjektphänomenen befinden sich die sogenannten *Zwecke*. Auch für sie gilt, daß ihre subjektive Anwesenheit keinen Einfluß auf den Gang der Dinge hat. Vielmehr, wie schon ihre Anwesenheit nur einen objektiven Zustand des Substrats spiegelt, so erfolgt auch das vermeintliche Handeln »ihret*wegen*« in Wirklichkeit *aus* den gleichen Stoffbedingungen, wovon schon das Erscheinen des Zweckes ein Symbol war. Das Gegenzeugnis der Subjektivität ist in diesem Punkt nicht anzunehmen. Also hatte Sokrates *nicht* recht, wenn er in dem berühmten Gespräch seiner letzten Nacht für die Frage, warum er hier sitze und den Schierlingsbecher erwarte, die Erklärung aus seinen Knochen, Sehnen, Muskeln und Nerven verwarf und die aus seinen Ideen von Recht, Pflicht und Zweck gemäß der subjektiven Evidenz für die allein wahre erklärte. Ebensowenig haben die recht, welche die beiden alternativen Beschreibungen als komplementäre und äquivalente, d. h. gleich sachgerechte und miteinander vertauschbare Aspekte eines einzigen Seins ansehen. Vielmehr ist die Beschreibung der jonischen Naturalisten hier die allein sachgerechte, und die des Sokrates ein dem Subjekte teurer Wahn. Denn nur die physische Beschreibung *erklärt*, was physisch geschieht.

e. Das Kriterium der Simulierbarkeit

Die Probe ist hier, wie schon Descartes als Regel niederlegte, die *Simulierbarkeit* von Verhaltensleistungen durch Mechanismen. Für die tierischen und stereotypen Leistungen, so meinte er, sei die Simulierung durch idealiter konstruierbare Automaten *vollständig* möglich, wenn auch menschliche Kunst wegen ihrer relativen Plumpheit realiter nur die einfachsten Beispiele erbringen könne. Die Grenze der Kunst liege hier lediglich in der unerreichbaren Fein- und Vielteiligkeit der Naturgebilde, die jedoch bei der Gleichheit der Funktionsprinzipien (der des Stoffes überhaupt, d. h. der Mechanik) den Schluß *a minore ad majus* von den primitiveren Kunstgebilden her zulasse. Die spezifisch menschlichen Leistungen des rationalen Denkens dagegen und der davon bestimmten Rede, sowie das ebenfalls nur dem Menschen eigene, vom Schema *freie* Verhalten, das untypischen Gelegenheiten mit ad-hoc-Erwiderungen aus ihrem Verständnis gerecht wird, hielt Descartes noch für prinzipiell *nicht* mechanisch reproduzierbar (und daher für Beweis einer immateriellen Seele). Moderne Forschung und Theorie haben seine Behauptung gestärkt und seine Verneinung geschwächt. Betreffs des tierischen Verhaltens hat die Kybernetik und die allgemeine Systemtheorie mechanische Modelle für bewegliche Zielanpassung entworfen, die über Descartes' starre Reflex-Automatik weit hinausgehen und ihm mehr recht geben, als er selbst Grund hatte anzunehmen. Und für die »unnachahmlichen« höheren Leistungen des menschlichen Denkens sind mindestens solche mechanischen Annäherungen teils schon praktisch hergestellt (siehe z. B. den schachspielenden Automaten), teils als prinzipiell herstellbar theoretisch begründet worden, daß nun auch hier wieder, bei allem derzeitigen Abstand vom Original, der Schluß *a minore ad majus* gerechtfertigt ist. Einerlei, wie weit man mit diesen Anfängen kommen mag, sie haben bereits eine für grundsätzlich gehaltene Schranke durchbrochen und die *Simulierbarkeit* oder *Substituierbarkeit* in ein Gebiet ausgedehnt, das nicht nur Sokrates, sondern auch noch Descartes der selbstbewußten Seele allein vorbehalten glaubte. Auch hier liegt wieder der Unterschied allein in der Komplexität, der cartesischen »Fein- und Vielteiligkeit« der Zusammensetzung, also einem quantitativ-strukturellen Kontinuum.

Dann gilt aber auch das weitere cartesische Prinzip, daß, was vollkommen nachgeahmt ist, eben damit nicht mehr simuliert, sondern dupliziert ist; und daß dann auch das derart Duplizierte selbst, d. h. das Original, keine anderen Prinzipien enthalten kann als die, welche zu seiner Duplizierung benötigt waren. Nehmen wir hinzu, daß die unvollkommene Nachahmung, wenn es sich nur um Unterschiede des Grades handelt, die vollkommene als theoretisch möglich dartut, dann ergibt sich, daß jedes auch nur rudimentär erfolgreiche Simulierungsexperiment Beweiskraft für die Seinsart des Simulierten hat; und daß, wenn sich intelligentes Zweckverhalten objektiv derart simulieren *läßt*, die beim Original damit herlaufenden Zweck*vorstellungen* und sonstigen Subjektivitäten, da sie für den Ablauf nicht gebraucht werden, in ihm auch keine Rolle spielen. So gebietet es das Occamsche Sparsamkeitsprinzip, mit dessen Beachtung die Naturwissenschaft groß geworden ist. Also *bestätigt* die neuerdings sichtbar werdende Nachahmbarkeit durch rein körperliche Mittel die ältere, noch spekulative Hypothese des Epiphänomenalismus von der Ohnmacht des Geistes überhaupt und von der funktionellen Müßigkeit des psychologischen *Zweckes* im besonderen: Wie alles Bewußtsein, das sich eigene Autorschaft zuschreibt, hat auch sein teleologisches Meinen den Charakter eines rein putativen, operativ entbehrlichen und nicht weiter erklärlichen Als-Ob.

2. *Kritik*

Auch hier geht die immanente Kritik voran, der eine *reductio ad absurdum* aus den Konsequenzen für beide Argumente zusammen (I + II) folgen wird. Die immanente Kritik hat es sowohl mit der formalbegrifflichen als auch mit der inhaltlich-kausalen Seite der These zu tun, daß die Subjektivität ihrem Wesen nach fiktiv und ihrem Vermögen nach ohnmächtig ist.

a. Stärke der materialistischen Position

Zuerst muß die *Stärke* des materialistischen Anspruchs gewürdigt werden. Sie besteht in der unleugbaren Erfahrungswahrheit, daß die Materie das an sich Bleibende und der Geist ein flüchtig an ihr Auftretendes ist. Jedes Sterben, bei dem der Geist verschwindet, während das Körperliche in seinen Elementen zu existieren fortfährt, vindiziert die Materie und widerlegt den Geist, d. h. die Eigenständigkeit desselben. So ist, auf die kürzeste Formel gebracht, die Sterblichkeit als solche das stärkste Argument für die ontologische Priorität der Materie (die ontische steht ohnehin außer Frage) und das bloß sekundäre Dasein des Geistes.[10] Alle sonstigen, immer bekannter werdenden Abhängigkeiten der Seele vom Leibesgeschehen verstärken nur dies Grundmotiv. In dieselbe Richtung weist die Evolution, die als reines Stoffgeschehen begann und erst spät in besonderen, aus ihm allein (d. h. ohne Mitwirkung schon vorhandenen Geistes) entstandenen Formationen den Geist »erscheinen« ließ. – Die Präsumption für einen Monismus der Materie ist hiernach stark und die Beweislast scheint in der Tat bei der Gegenseite zu liegen.

b. Erste Übersicht der Gegengründe

Hierzu ist zunächst in bloßer Aufzählung zu bemerken, daß – wie generell ontologische und ontische *Fundierung* keine Nichtigkeit des Fundierten besagt – speziell die unleugbare Wahrheit von der empirischen Priorität der Materie nicht den Schluß auf bloße Scheinbarkeit irgendeines aus ihr Hervorgehenden oder an ihr Auftretenden rechtfertigt, ja streng genommen auch nur zuläßt; daß kausaler Nullwert mit *nichts* vereinbar ist, was der Materie anhaftet; daß es insbesondere der Idee kausaler Abhängigkeit geradewegs zuwiderläuft, das Abhängige sei nur ein Ende (*nur* Wirkung) und nicht seinerseits auch wieder ein Anfang (Ursache) in der Bedingungskette; daß für diesen Anfang, und bis er wieder in die Grundschicht zurückmündet, andere Abfolgeformen gelten können als für diese; daß bei einem Monismus der Materie das Hervorgehenlassen der Subjektivität nicht weniger aus ihrem Wesen begründbar sein muß als das Hervorgehen jedweder sonstigen beobachteten Wirkung – und da dies aus ihren physikalisch definierten Eigenschaften notorisch nicht möglich ist, ihr physikalischer Begriff nicht ihr ganzer sein kann und »Materie« hier (für die man dann besser »Substanz« sagt) etwas anderes und mehr bedeuten muß, als was der im Gegensatz zum Geiste konzipierte Kunstbegriff der naturwissenschaftlichen Materie (als bloßer *res extensa*) besagt; daß wir für dieses Mehr, das gerade der materialistische *Monismus* fordert, noch gar keinen Begriff haben und daher auch von den »Naturgesetzen« nur einen unvollständigen Auszug; daß hier das *ignoramus* keine Entschuldigung dafür ist, daß Unvollständige so zu behandeln, als ob es vollständig wäre (wie die Epiphänomen- oder Ohnmachtsthese es tut); daß schließlich, solange die »Simulierung« nicht auch das Hervorgehenlassen selber einschließt, also nicht auch die Subjektivität mitreproduziert, sie eben unvollständig und in der Tat nur Simulierung (nach äußeren Effekten) und nicht Duplizierung (des ganzen Vorgangs) ist: daß sie daher nicht mehr beweist, als daß die betreffenden physischen Effekte eben *auch* rein physisch, d. h. nicht *nur* vom Geiste her, erzeugt werden *können*,[11] aber nicht, daß sie in den Fällen, wo der Geist sich im Spiele weiß, ohne ihn erzeugt wurden.

All diese vorläufigen Bemerkungen sind im völligen Einklang mit der hypothetisch eingeräumten These von der »Priorität« der Materie. Sie zeigen nur an, daß diese These sich im Begriff des »Epiphänomens« mit non-sequiturs übernimmt, ja, in Widersprüche verwickelt, die schon nach bloßen Kriterien einer Theorie überhaupt jenen ad hoc erfundenen Begriff als unerlaubten Kunstgriff erscheinen lassen. Seine Untauglichkeit zur Lösung des psychophysischen Problems läßt sich daher in rein logischer Kritik dartun, einerlei ob seine Konsequenzen im weiteren Zusammenhang einer Seins- und Denklehre annehmbar wären oder nicht. Ihrerseits verlöre diese spätere Prüfung – die angekündigte reductio ad absurdum – nichts von ihrer Kraft, auch wenn der Begriff in sich logisch haltbarer wäre als er ist. Nehmen wir seine immanente Kritik jetzt im einzelnen vor.

3. *Immanente Kritik des Epiphänomen-Begriffs*

Zuerst ist der *Begriff* des Epiphänomens zu klären. Er sagt allgemein, das Subjektive oder Psychische oder Mentale sei die Begleiterscheinung gewisser physischer Vorgänge in Gehirnen. Das Begleiten ist einseitig, nicht reziprok: die physischen Primärvorgänge sind als solche autonom, ihre sekundäre psychische Erscheinung ist total heteronom, oder bloßes Produkt eines anderen.

a. Das erste ontologische Rätsel: Schöpfung der Seele aus dem Nichts

Die Anwesenheit des Produktes macht keinen Unterschied für den Ablauf des Produzierenden; dann natürlich auch nicht sein Produzieren selber, das sozusagen »hinter dem Rücken«, zwar »aufgrund«, doch ohne »Zutun« des Stoffgeschehens stattfindet. Das Produkt ist Nebenprodukt des intraphysischen Produzierens, und der Sinn dieses »Neben« ist radikal: d. h. seine Produktion ist keine Leistung der Originärschicht, mit einem dahin abgezweigten Aufwand, sondern eben nur die »Erscheinung« ihres bei sich selber bleibenden Leistens. Dieses vollzieht sich, wie es müßte, auch wenn es keine solche Begleitung veranlaßte. Also ist deren Veranlassung *causaliter* eine *creatio ex nihilo*, da nichts ursächlich dafür aufgewendet wurde. Anders wäre die Epiphänomen-Hypothese unnütz, da der Aufwand physisch verschwunden und seine psychische Nachfolge nicht mehr quantifizierbar wäre – genau das, was um des Konstanzprinzips willen vermieden werden soll. *Die Schöpfung der Seele aus dem Nichts ist das erste ontologische*

Rätsel, mit dem die Theorie des Epiphänomenalismus der Physik zuliebe, in der sonst niemals etwas aus nichts entstehen soll, sich abfindet.

b. Das zweite ontologische Rätsel: Unwirksamkeit eines physisch Bewirkten

Das so aus dem Nichts Hervorgebrachte muß aber auch ein Nichts (in kausaler Hinsicht) bleiben. Wie das Veranlassen der »Begleitung« das Veranlassende nichts kosten darf, so darf auch ihr Stattfinden das Begleitete nicht verändern. Dies ist in der Tat das primäre Anliegen der Epiphänomen-These: Die zu schützende Ungestörtheit physikalischer Autonomie (Monokausalität der Materie) verlangt die *Ohnmacht* des Geistes – wie immer sein *Dasein* zu erklären sei – an erster Stelle, um vor seiner Einmischung sicher zu sein; die gleichzeitig – gegenüber dem bloßen »Parallelismus« – einzubeziehende *Abhängigkeit* des Geistes von der Materie, d. h. sein Erzeugtsein aus ihr, muß die Kostenlosigkeit dieser Erzeugung ergänzend hinzufügen. Einzuräumen ist, daß hierdurch die Konstruktion insoweit logisch einstimmig wird: nur das aus kausalem Nichts Geschaffene, da es keine Kraft von seiner Ursache geerbt hat, kann auch kausal nichtig bleiben. Kausaler Nullwert des Gewordenen fordert kausalen Nullaufwand seines Werdens. Und doch ist es selber etwas und nicht nichts, sein Dasein unterschiedlich von seinem

Nichtdasein. Das Auftreten von Bewußtsein fügt dem Gesamtbestand der Wirklichkeit etwas hinzu, womit er anders wird – deskriptiv, aber nicht dynamisch: es »ist«, aber nichts folgt daraus für den Rest der Dinge, nichts pflanzt sich aus ihm fort in ihren weiteren Verlauf –, die übrige Wirklichkeit bleibt, wie sie auch ohne diese Fata Morgana in ihrer Mitte wäre. Das mit Bewußtsein Begabte verhält sich nicht, wie es sich verhält, weil es Bewußtsein hat, sondern es hat Bewußtsein, weil es sich verhält, wie es sich verhält, d. h. wie sich zu verhalten ihm seine physische Verfassung vorschreibt. Diese ihrerseits läßt sich nichts vorschreiben. Hiernach bestimmt sich negativ der Begriff des Bewußtseins: ein Etwas für sich und doch ein Nichts für anderes; ein folgenloses Sein; ein unwirksames Wirkliches, entspringend und doch zugleich entrückt aus dem Zusammenhang der Dinge. *Die Folgenlosigkeit eines physisch Bewirkten ist das zweite ontologische Rätsel, mit dem die Epiphänomen-Theorie des Bewußtseins der Physik zuliebe, in der sonst nichts ohne Folgen bleiben soll, sich abfindet.*

c. Das metaphysische Rätsel: Die Existenz eines »Wahnes an sich«

Die Folgenlosigkeit gilt in zwei Richtungen: transitiv nach außen auf die physische Sphäre hin, wie soeben ausgeführt; aber auch immanent auf die eigene Fortsetzung hin. D. h. die Ohnmacht muß außer der zur Determination des Körpers im Handeln auch die zur Selbstdetermination des Denkens im Denken einschließen. Anders würde es aufhören, Epiphänomen zu sein und könnte eigene Wege gehen, auf denen die Übereinstimmung mit dem Körpergeschehen verloren ginge. Dann würde, wenn es zum Handeln, d. h. zur beabsichtigten Bestimmung des Körpers kommt, der Schein zusammenbrechen und die Ohnmacht offenbar werden: ich will das eine und mein Arm tut das andere. Es ist aber gerade der Schein der *Macht*, den die Ohnmachtsthese »retten« soll, und er ist wesentlich in sie einbegriffen. Wahre Erscheinung der Ohnmacht würde die Theorie der Ohnmacht unwahr machen, denn diese ist eben eine Theorie der Täuschung und nicht der Wahrheit des Bewußtseins. Für die Ohnmachtsthese ist es wesentlich, daß die Ohnmacht verborgen bleibt hinter dem Scheine der Macht. Hierfür muß sie unteilbar sein: Nur bei gleicher Ohnmacht nach innen kann die Ohnmacht nach außen verborgen bleiben. Der Satz ist umkehrbar. Ebenso unteilbar wie die Ohnmacht müßte auch die Macht des Bewußtseins sein, wenn es sie gibt: die nach innen kann nur mit der nach außen zusammen bestehen, eine involviert die andere. Also gilt Macht oder Ohnmacht der Subjektivität entweder in beiden Hinsichten – nach innen wie nach außen – oder in keiner. Innere Macht bei äußerer Ohnmacht (die das Unvereinbarkeitsargument dekretiert) ergäbe ein mit der Welt entzweites Bewußtsein: aber gerade das mit der Welt – zuerst mit dem Körper – geeinte Bewußtsein sollte durch die Theorie begründet werden. Da nur die Welt – nämlich die Materie – eigentlich existiert, ist die Einung nichts anderes als die Verneinung *jeder* Eigenwirklichkeit der Gegenseite, also innerer Kausalität so gut wie äußerer.

Genau dies besorgt der Begriff des Epiphänomens, indem er etwas bezeichnet, was jeden Augenblick erst aus der Basis entsteht, dessen Fortsetzung also gar nicht seine, sondern die der Basis ist. So wie beim Film die nächste Bewegungsphase auf dem Bildschirm nicht, wie es scheint, aus der vorigen stammt, sondern unabhängig davon aus der beide speisenden Projektionsquelle, so daß dem Schein zuwider sich auf der Leinwand in Wahrheit gar nichts bewegt – so kann auch der nächste Zeitnachfolger eines Bewußtseins-Jetzt nicht aus diesem kommen, sondern nur wie dieses selber aus dem physischen Substrat, von dem jeder Bewußtseinszustand, laut Definition, das Epiphänomen ist. Also »spiegelt« er den Fortgang des Substrats, indem er als Fortgang seiner selbst erscheint. Wie beim Kinovergleich ist dies Erscheinen bloßer Schein: der im Bildschirm auf den Amboß herabsausende Hammer ist eine Bildfolge, kein dynamischer Vorgang; die im Bewußtsein zum Entschluß führende Überlegung ist eine Zeichenfolge, keine wirkliche Herbeiführung – auch ihre Dynamik ist illusionär (die innere, nicht erst die nach außen, wenn als anscheinendes Ergebnis der inneren Reihe ein wirklicher Hammer geschwungen wird). Wohl bezeugt die Zeichenfolge eine wirkliche Dynamik, nämlich die zerebrale, die sich in dem von ihr geschriebenen Bewußtseinstext zugleich ausdrückt und verbirgt; aber die Kontinuität des Textes ist nichts anderes als die Kontinuität seiner Schreibung, die jedes der Zeichen, aus denen er sich nacheinander zusammensetzt, neu »von unten« hervorbringt und mitnichten den Text sich selber weiterschreiben läßt. Nicht von Zeichen zu Zeichen geht der Weg, sondern von Hirnzustand zu Hirnzustand und erst von diesem jedesmal zu seinem Äquivalent in der Zeichenschrift. Um im Kinovergleich zu bleiben: die fortgesetzte Projektion erzeugt die Fortsetzung des Projizierten; dieses selber ist kraftlos.[12]

So auch das »Zeichen« auf dem Subjektschirm hinsichtlich seiner Nachfolge. Kein Gedanke gebiert weiteren Gedanken, kein Bewußtseinszustand ist trächtig mit dem nächsten. Da eben dies wesentlich von ihnen vorgegeben oder in ihnen vermeint wird, ist alles Denken schon in sich selbst Täuschung, und dann noch einmal, wenn es außer sich ins leibliche Handeln überzugehen glaubt. Der Wahn der Selbstbestimmung überwölbt den Wahn der Leibesbestimmung. Beiderlei Wahn ist dem Seelischen wesentlich, sowie es über bloßes Wahrnehmen hinausgeht: »Seele« *ist* der so beschaffene Wahn, mit dem die Wirklichkeit sich ständig etwas vormacht. Sich?

Aber nein, Gehirne werden nicht getäuscht. Dem Subjekt? Aber dieses ist bereits eine Täuschung. Und warum? Wieder keine Antwort, nicht einmal die des l'art pour l'art, die auf Descartes' bösen Geist, aber nicht auf die absichtslos betrügende Materie paßt. Der Betrüger, wer immer der Betrogene sei, erntet nichts. Das Spiel wird gespielt keinem Spieler zunutz und keinem Opfer zuschaden. Es wird einfach ein mitfolgendes Etwas erzeugt und unterhalten, das seinem Wesen nach Trug ist, ohne wenigstens *damit* einem Zweck zu dienen, da die Wahrheit des Truges eben die Trügerischkeit von Zweck überhaupt ist. (Wie dann das Denken diese Wahrheit hat ausfindig machen können, ist eine noch zu stellende Frage.) »Absicht« z. B. ist eine Chiffre des seiner Natur nach Absichtslosen. Die Chiffreschrift, in der die Absicht vorkommt, hat selber keine Absicht und erst recht keine Funktion. Ihr Aufzug als ganzer ist Blendwerk. – *Das Dasein eines solchen »Wahnes an sich« ist das absolute metaphysische Rätsel, das die Epiphänomen-These der Physik zuliebe in Kauf nimmt.* Es wird gesteigert dadurch, daß eben dieser Wahn doch dasjenige ist, in dem allein die Unterscheidung von Trug und Wahrheit ihren Sitz hat – welche Unterscheidung demnach selber ein Teil des Truges wird.

d. Das logische Rätsel: Sich selbst erscheinende Erscheinung

Kehren wir von der metaphysischen Ebene noch einmal zur rein logischen zurück, wo sich der Begriff in sich selber verwirrt. Der Kino- oder Spiegelvergleich paßt auf die Abfolge der Bewußtseinsinhalte als induzierter *Zustände* der Subjektivität. Hier endet der Vergleich. Denn schon das den Zuständen Unterworfene, die Subjektivität, ist ein Schein der es modifizierenden Zustände. D. h. im Falle des Epiphänomens ist der »Schirm« selber, nicht nur was jeweils auf ihm erscheint, das fortlaufende Erzeugnis dessen, was die Bilder erscheinen läßt, also seinerseits nicht weniger Erscheinung als diese. Es ist hier die Rede vom Bewußtsein als fassender *Dimension* für die fließende Mannigfaltigkeit. Dies stets präsente, Vergangenheit und Zukunft überspannende Worin, das dem Kommen und Gehen der Erlebnisse den *Raum* bietet, wäre nichts anderes als ihr Zusammenfluß zur Schein-Hypostase eines vorgeordneten Trägers. Oder sollen wir sagen, der »Raum« sei die diffuse Spiegelung der jederzeitigen Gesamtaktivität des Gehirns, von deren Hintergrund sich dann die bestimmteren Erscheinungen abheben? Aber auch hier sprächen wir schon von einem Inhalt, als diffusem, und müßten immer noch nach dem Spiegelnden dieser Spiegelung fragen. Oder sollen wir noch subtiler werden und sagen, das Enthaltende sei das Erscheinen des Erscheinenlassens selber, oder die Selbstprojektion des Projizierens als solchen in eins mit dem gerade projizierten Inhalt? Dann erzeugte die Stetigkeit des Projizierens als *ihr* Epiphänomen die scheinbare Beharrung des Schirmes, auf dem die wechselnden Phänomene ihr mehr oder weniger stetiges Wesen treiben. Ich bekenne meine Ratlosigkeit.

Doch nicht genug damit. Da nichts anderes da ist, *dem* dies erscheinen könnte, wie immer es zur Erscheinung kommen mag, so muß der Schirm samt allem, was über ihn herzieht, eben *sich selber* erscheinen. Was kann das heißen? Etwa dies: Der Dativ »mir« gehört zur internen Grammatik der Chiffreschrift und teilt ihre totale Scheinbarkeit. Die »Meinigkeit« der Phänomene, das Ich, auf das sie sich bezieht, der Subjektpol der Intentionalität ist ein Aspekt des gleichen Vermeinens, das die intentionalen Gegenstände darbietet, und damit von derselben Vermeintlichkeit wie diese. »Wirklich« als Erzeugnis des materiellen Untergrundes ist nur das jeweilige Vermeinen per se: *Was* da vermeint, ist nichts als ein Vermeintes dieses Vermeinens, oder ein mit dem Gemeintsein der Gegenstände Mitgemeintes.

Aber wohin gelangen wir da? Ist dann vielleicht das Subjekt der subjektiven Erscheinungen ein Epiphänomen derselben, d. h. ein Epiphänomen des Epiphänomens? Dann wäre einerseits das Ich eine Illusion der psychischen Phänomene und diese wären

andererseits *seine* Illusion, also die Illusion einer Illusion; und die Seele wäre eine illusionhabende Illusion ... Hier stockt der Gedanke. Man kann nicht mehr weiter fragen, *wessen* die Illusion im Ganzen wiederum ist: wir enden im Unbegriff einer freischwebenden »Illusion an sich«, die niemandes Illusion ist, einer Täuschung, die auch den Getäuschten noch vortäuscht, oder eines Traumes, der erst seinen Träumer erzeugt und doch von ihm geträumt wird. Jeder Versuch sprachlicher Artikulierung gerät in diese Sackgasse. Eine imaginäre Aufführung auf imaginärer Bühne vor einem imaginären Zuschauer, die alle drei zusammenfallen – *sich selbst erscheinende Erscheinung, oder ein Nichts reflektiert in einem Nichts: dies ist das unauflösliche logische Rätsel*, das die glatte Oberfläche der Epiphänomen-These verbirgt.[13]
Wir wollen dies letzte Rätsel nicht überspielen. Vielleicht ist es unsere Semantik, die hier versagt. Aber soviel können wir den Verfechtern der These entgegenhalten, daß sie ein unbequemes und solides Denkproblem, nämlich wie sich psychophysische Wechselwirkung mit unserer angenommenen Naturkenntnis vereinbaren läßt, durch ein Begriffsmysterium zu lösen glauben, das in seinem eigenen Gehalt sich mit keiner uns zugänglichen Logik vereinbaren läßt. Mag dies immerhin die Schwäche unserer Logik sein (weil sie auf andere, dingliche Gegenstände zugeschnitten ist), so ist doch die Anrufung eines *in sich* Undurchdenkbaren als Antwort auf

eine vom Denken selbst gestellte Frage nichts Besseres als Flucht in ein asylum ignorantiae. Sie ersetzt ein Schwerbegreifliches durch ein Unbegreifliches. Dies gibt Grund zu äußerstem Mißtrauen. Betrachten wir es noch nicht als Widerlegung.

4. Das Argument verletzt den von ihm vorausgesetzten Naturbegriff

Wie immer es aber um die *Selbst*verträglichkeit des Begriffes stehe, bei der unsere Artikulationsmittel beteiligt sind – verträgt er sich wenigstens in seiner äußeren Funktion mit dem, um dessentwillen er ersonnen wurde: mit unserer Theorie der *Natur*? Vergessen wir nicht, daß es wesentlich zum Schutz des Kausal- und Konstanzgesetzes war, daß die Seele entwirklicht werden sollte. Aber gerade hiervon beansprucht der Begriff des Epiphänomens eine einzigartige und völlig unerklärliche Ausnahme für sich selbst. Gleich zweimal, so sahen wir, wird in ihm das angeblich Unverletzliche verletzt: in Kostenlosigkeit des Hervorgangs und in Wirkungslosigkeit des Daseins; und *uns* fällt plötzlich die paradoxe Pflicht zu, das Naturprinzip gegen seine Verteidiger zu verteidigen – das Prinzip nämlich, daß *nichts* in der Welt umsonst zu haben ist, aber auch nichts irgendwie Entstandenes mit sich selbst endet, d. h. ohne Folgen in ihr bleibt. Alles Verursachte muß selber wieder

Ursache werden. Die Seele aber soll gerade nach der materialistischen These zur Welt gehören, nämlich ein Resultat der Materie sein. Dann muß (a) die Materie etwas dafür aufwenden, und es kann, nach dem Satz vom zureichenden Grunde, für die Bilanz eines materiellen Vorgangs nicht gleichgültig sein, ob er einen Bewußtseinseffekt hat oder nicht. Etwas von ihm *muß* in den Effekt übergegangen sein, selbst wenn wir in diesem Fall die Äquivalenzen für die Rechnung nicht kennen. Etwas wurde gegen etwas eingetauscht. Umgekehrt muß (b) die Existenz dieses neuen Datums (die nunmehrige Mitanwesenheit von Bewußtsein), einfach deswegen, weil sie von seiner Nichtexistenz verschieden ist und kein Unterschied der Existenz dynamisch neutral ist, sich als Differenz im Fortgang der Dinge bemerkbar machen – auch wenn wir hier wiederum das transitive Wie der Wirkung nicht kennen. Nur unter dieser Bedingung ist auch der Aufwand seines Werdens nicht einfach aus der Welt verschwunden, und das Gleichgewicht des Ganzen ist gewahrt.

Das Prinzip ist einfach: so wenig etwas aus nichts entstehen kann, so wenig kann es auch in nichts verschwinden. Nichts ist purer Anfang und nichts pures Ende. Nur der Indeterminist kann hiervon Ausnahmen zulassen: aber der Materialist führt die Sache des Determinismus und ist an sie gebunden.[14] Hier enthält also die angebliche Lösung einen wirklichen Selbstwiderspruch. Die Unverletzlichkeit eines Prinzips soll durch seine Verletzung gerettet werden. Außerdem natürlich trägt sie allen Makel einer ad-hoc-Erfindung, indem sie *eine* Sorte Kausalverbindung postuliert (und natürlich *ist* die Hervorbringung des Epiphänomens ein kausales Ereignis), die sonst nicht ihresgleichen hat und aus aller übrigen Regel der Natur herausfällt. Dieser Einwand würde gelten, auch wenn es nicht gerade diejenige Regel wäre, deren angebliche Unverbrüchlichkeit für die Problemstellung überhaupt verantwortlich ist.[15]

Es ist also ersichtlich, daß der Vorteil, nur einmal »ignoramus« sagen zu müssen (s. o. S. 39), erschlichen ist durch die Verbergung eines viel unerträglicheren ignoramus dahinter, nämlich wie kausaler Nullaufwand eines Werdens und kausaler Nullwert eines Gewordenen, ja wie überhaupt ein Verhältnis ohne Wechselwirkung Platz haben kann in einer Welt, die nur unter ihrer Bedingung als *eine* gedacht werden kann.[16] Gegen diese Gewalttat, mit der das Denken einfach abdankt, verblaßt die theoretische Schwierigkeit psychophysischer Wechselwirkung zu einem – schlimmstenfalls offenbleibenden – Problem, mit dem das theoretische Gewissen zwar unbequem, doch ohne Verrat an sich selbst leben kann.

5. Kritik aus den Konsequenzen: Reductio ad absurdum

Soviel zur inneren Kritik des *Begriffs* des Epiphänomens. Noch vernichtender sind die *Konsequenzen*, die sich aus ihm, einmal als wahr unterstellt, für alles übrige ergäben: für den Begriff des Seins überhaupt, in dem dergleichen vorkommt; für den des Denkens, das sich durch ihn erklärt; und zuletzt für ihn selber als Gedachtes dieses Denkens. Fassen wir uns hier kurz, da das Absurde keiner Länge bedarf.

a. Absurdität eines betrügerischen Seins

Zuerst denn, was für ein Sein wäre dies, das als seine komplizierteste Leistung dies vergebliche Blendwerk hervorbrächte? Wir antworten: ein keineswegs bloß indifferentes, sondern positiv absurdes oder perverses, und darum völlig unglaubhaft. Natürlich dürfen wir nicht fragen, welchen Zweck es mit dem Bewußtseinsspuk verfolgt, denn Zweck ist ihm ohnehin abgesprochen. Es genügt nach dem Gesetz der natürlichen Auslese, daß die Eigenschaft ihrem Besitzer keinen Nachteil bringt, um ihre fortdauernde Anwesenheit *möglich* zu machen, auch wenn sie ihm keinen Vorteil bringt; man mag dann das Warum eines solchen Luxus, der immerhin nichts kostet, auf sich beruhen lassen, da man der Natur gegenüber auf die Frage nach dem Sinn überhaupt Verzicht geleistet hat.[17] Aber vom Sinnlosen zum Widersinnigen ist immer noch ein Schritt. Sinnlos ex hypothesi, doch nicht widersinnig, wäre das rein *körperliche* Ballett des Lebensverhaltens, zu dem die subtilsten Organisationsformen der Materie aufgeboten werden, wenn es in seiner schieren Automatik ebenso stumm wie taub wäre. Widersinnig wird es, wenn es sich eine Begleitmusik beilegt, *als ob* es seine schon entschiedenen Schritte danach einrichte, und damit systematisch sich selbst verfälscht. Zwar kann auch die Lüge ihre Funktion haben, aber nicht hier, denn das Mechanische braucht nicht bestochen noch auch nur nachträglich für irgendwelche Anstrengung (die ihm fremd ist) entschädigt zu werden. Und doch soll es in Wille, Lust und Angst einen Sirenengesang anstimmen, der niemanden zu verführen hat? (Nicht einmal sich selbst, denn auch ihm ist als bloßem Mitklang alles schon vorgeschrieben.) Der also nur sich selbst seinen Irrtum, einschließlich des Scheins des Selbstsingens, vorsingt? Das des Interesses Bare, seiner nicht Bedürftige und ihm gar keinen Spielraum Bietende soll die gewaltige Komödie des Interesses aufführen und dem so Fingierten (nun irgendwie »Seienden«) eine Aufgabe vorspiegeln, die es nicht gibt, eine Macht, die es nicht hat, einen Einsatz, der nicht existiert? Hierauf kommt das Epiphänomen hinaus. Die Tapferkeit seiner Erfinder, die sich selbst nicht schonen wollen, ist gedankenlos, denn sie zerstört auch die Idee eben jener Natur, auf deren

Altar sie ihr eigenes Sein so selbstlos zum Opfer bringen. Descartes' hypothetischer Lügengeist, das bisherige Extrem theoretischen Mißtrauens, war hiergegen sinnvoll, da er immerhin in existenten Geistern ein Objekt für seine Bosheit und in sich selbst die Möglichkeit des Vergnügens daran hatte. (Und er war erdacht, um widerlegt zu werden.) Aber daß das ewig Taube Rede gewinnt, ohne je auf sie hören zu können, und ihr doch das Gehörtwerden als eigensten Sinn mitgibt, also wesenhaft falschredet, und das für nichts und wieder nichts: das ist eine Karikatur des Seins, von der nur zu verwundern ist, wie man sie je hat ernst nehmen können.[18] Wer der Natur das Absurde andichtet, um sich ihrem Rätsel zu entziehen, hat sich und nicht ihr das Urteil gesprochen.

b. Absurdität einer theorievernichtenden Theorie

Sich selbst aber hat er noch direkter das Urteil gesprochen als auf dem Umweg über die Verleumdung der Natur; und *dieses* mehr als der Verderb der Naturidee ist die endgültige *reductio ad absurdum*: daß er seiner eigenen These durch das, was sie über jede mögliche These sagt, den Boden entzogen hat. Alle Theorie, noch die falscheste, ist ein Tribut an die Macht des Denkens, dem im theoretischen Vollzug doch zugebilligt wird, daß es sich über die Macht geistfremder Determinationen erheben und das, was im Vorstellungsfeld auftritt, frei nach Normen der Einsicht beurteilen *kann*, ja daß es überhaupt des *Entschlusses* zur Wahrheit fähig ist. Der Epiphänomenalismus behauptet aber die Ohnmacht des Denkens und damit die Unfähigkeit seiner selbst, unabhängige Theorie zu sein. In der Tat muß noch der extremste Materialist für sich als Denker eine Ausnahme behaupten, damit extremer Materialismus als Lehre möglich sei. Aber während selbst der Kreter, der alle Kreter für Lügner erklärt, immer noch hinzufügen kann: ausgenommen mich in diesem Augenblick, kann der Epiphänomenalist, der das *Wesen* des Denkens definiert hat, diesen Zusatz nicht machen, weil auch er verschlungen wird vom Abgrund des Generalurteils.[19]

Die *reductio ad absurdum* ist also eine doppelte, gemäß der zwiefachen Frage: was ist von einem Sein zu halten, das dieses vergebliche Blendwerk hervorbrächte, und was von einem Tun, das mit eben diesem Blendwerk dem Sein erkennend beikommen will? Die erste Frage führte zu dem Urteil, daß, wer *im Namen der Natur* die Natur zum Hochstapler erklärt, also das angeblich Wertfreie in eine boshafte Farce verwandelt, seine Absicht zunichte macht und nicht mehr von Gesetzen der Natur, geschweige denn ihrer Erkennbarkeit sprechen darf; die zweite führt dazu, daß Erkennen selber, d. h. das Unternehmen des Denkens, mit dessen Freiheit *jede* mögliche Theorie steht oder fällt, für unmöglich erklärt wurde und damit die fragliche Theorie sich selbst zunichte macht.

III.
Die Unnötigkeit der Epiphänomen-These oder des Selbstmords der Vernunft

War denn nun aber, so fragen wir zum Schluß, die soeben widerlegte Theorie – dieser Selbstmord der Theorie – wirklich nötig? D. h. sind die Gründe, die dazu trieben, so zwingend, daß sie *nur diesen* Ausweg oder das Eingeständnis eines völlig unlösbaren Rätsels übrig lassen? Sagen wir sofort, daß, wenn es so wäre, das unlösbare, mindestens derzeit ungelöste Rätsel dem Ausweg einer Theorie vorzuziehen ist, die erweislich falsch und demnach gar kein Ausweg ist. Und fügen wir hinzu, daß wir in keiner Weise verpflichtet sind, einen besseren Ausweg, d. h. des Rätsels Lösung zu liefern, nämlich zu zeigen, *wie* psychophysische Wechselwirkung möglich und *wie* sie mit der wissenschaftlich beglaubigten Naturkausalität vereinbar ist. Für unseren Zweck, der nicht allgemeine Seinslehre, sondern Begründung der Ethik ist, genügte es, zu zeigen, *daß* sie faktisch ist, also auch möglich und mit der übrigen Natur vereinbar sein muß (die dann ihrerseits *dieser apriorischen Vereinbarkeit gemäß* zu interpretieren wäre), und dies getan können wir das Rätsel des »Wie?« bescheiden offenlassen. Wir wollen aber ein übriges tun und das tiefe logische Unbehagen, das hier bei den Getreuen der Kausalität zurückbleiben muß, wenigstens durch den Nachweis zu erleichtern suchen, daß die Nötigung zu ihrem Verzweiflungsschritt gar nicht so zwingend war, wie sie dachten, und daß bessere Auswege aus ihrem Dilemma denkbar sind. Mit keinem andern Anspruch also, als eine Denkbarkeit aufzuzeigen da, wo angebliche Undenkbarkeit der Grund für die Flucht ins Absurde war – und ohne auch nur vom *logischen* Erfolg dieses Versuchs die Gültigkeit des Bisherigen im geringsten abhängig zu machen (geschweige denn von der erwiesenen Wirklichkeit des in ihm als möglich Vorgeschlagenen) – unterbreiten wir zum Schluß dieser Überlegung unsern eigenen, hypothetischen Versuch zur Lösung des psychophysischen Problems.

Versuch zur Lösung des psychophysischen Problems

1. Künstlichkeit des Problems

Erinnern wir eingangs daran, daß das Problem ein künstliches und kein natürliches ist: es ist ein Geschöpf der Theorie und nicht der Erfahrung. Keiner hat je aus dem unmittelbar Gegebenen Anlaß gehabt, daran zu zweifeln, daß sein Denken und Wollen sein Handeln bestimmen kann (nur eine tautologische Umschreibung für: daß er handeln kann); und auch nach der Stellung des Problems von außen zweifelt niemand *im* denkenden Handeln selbst, z. B. wenn er das psychophysische Problem überdenkt und seine Gedanken darüber zu Papier bringt, daß er eben dies im freien Gebieten des Gedankens über seinen Körper tut und der Gedanke selber vorher seinen eigenen Weg und nicht den des Körpers gegangen war. Aber aus einem bestimmten Zustand der Theorie über die Natur – selber ein Produkt des Gedankens, also menschlicher Kunst – erhebt sich ein sehr mittelbarer Grund zum Zweifel, der doch niemals die unmittelbare Selbstgewißheit des Handelns vermindert, sie aber von außen in Frage stellt. Es ist, wie wir sahen, ein reines *Verträglichkeits*problem: Ein theoretisches *Bild* der Natur, mit seinen ontologischen und logischen Postulaten – nicht etwa die Reflexion des wollenden Denkens auf sich selbst – stellt sich dem Selbstzeugnis des Denkens entgegen, und zwar mittels dessen, was aus diesem Denken für das Bild zu *folgen* scheint. Alles spitzt sich daher auf die Frage zu, ob das Bild, das hier die absolute Unverträglichkeit dekretiert, in seiner Absolutheit zu Recht besteht. Einiges haben wir dazu im Eingang dieser Abhandlung schon gesagt in dem allgemeinen Sinne, daß das »Alles oder Nichts« in Sachen der mechanischen Kausalität einem *Ideal* der Natur zuliebe angenommen wird und auf einer Verwechslung des Idealen mit dem Realen, insbesondere der Mathematik mit der Natur beruht: einer Verwechslung, deren sich Spinoza und andere absolute Deterministen dogmatisch schuldig gemacht haben. Was die Natur selber anlangt, so haben wir angedeutet, daß die Frage, wie eng- oder weitmaschig ihr Kausalnetz tatsächlich ist, durch die allgemeine Geltung der Konstanzgesetze keineswegs vorentschieden ist und vorurteilslos geprüft werden muß. Daß es weitmaschiger ist, als die Billardkugel-Mechanik es dargestellt hatte, ist seit dem Tiefenabstieg der Physik unter das Billardkugel-Modell hinab bekannt. Jetzt müssen wir konkreter werden.

2. *Ein Gedankenexperiment*

Man stelle folgendes Gedankenexperiment an: Ein geometrisch vollkommener Kegel stehe mit seiner Spitze auf einer Fläche über einem Gravitationszentrum, das genau in der Verlängerung seiner Achse liegt, d. h. diese stehe durchaus »senkrecht« auf der Unterlage. Bei vollkommener Symmetrie und völliger Abwesenheit aller sonstigen Kräfte (oder Kraftdifferenzen) stünde der Kegel im vollkommenen, aber absolut labilen Gleichgewicht. Absolut labil heißt hier, daß eine infinitesimale Einwirkung genügt, ihn zu kippen und ihn auf *eine* bestimmte Seite fallen zu lassen. Stellen wir uns den Kegel riesig vor: die kleinste Störung der Symmetrie von außen oder innen würde riesige Folgen auslösen. Diese Folgen aber würden in ihrem ganzen Ablauf, in Beschleunigung, Wucht des Aufpralls, mechanischer und thermischer Wirkung, Ausgleich des anfänglichen Energiegefälles, insgesamt von den Naturgesetzen beherrscht und ihnen gemäß vorausberechenbar sein – ausgenommen der Zufall der Richtung des Ganzen, auf den alle anderen Richtungen, also eine Unendlichkeit, gleiche Anwartschaft hatten. Was aber den hier bestimmenden, auslösenden »Anstoß« anlangt, für den es in abstracto kein Minimum gibt, so kann man ihm keinen quantitativen Wert geben, er tritt nicht in die Messung der Folgen ein, und er war seinerseits nicht vorherzusagen. Das letztere mag der Fall sein wegen seiner der Meßbarkeit entzogenen Kleinheit oder (und) wegen seines Zufalls-Charakters: in jedem Fall ist er für die wissenschaftlich ablegbare Kausalrechnung des makroskopischen Ereignisses so gut wie nichtexistent. Trotz dieser unbezifferbaren Unbekannten mit entscheidender Rolle dahinter sind also die Konstanzgesetze nirgends verletzt, weil in allem Verifizierbaren erfüllt; eine zureichende Antezedenz wird einfach der theoretischen Vollständigkeit zuliebe (gemäß dem Satz vom zureichenden Grunde) als unschuldiges Ornament postuliert. Allerdings wird für diese Antezedenz, d. h. den infinitesimalen Anstoß, die naturwissenschaftliche Generalhypothese wiederum postulieren, daß sie ihrerseits den Konstanzgesetzen gemäß determiniert war; und obwohl das Postulat wegen seiner Unverifizierbarkeit leer bleibt, wird man es bei physischen Antezedentien, an die allein man hier zu denken hat, bereitwillig und unverwertbar einräumen. Man beachte aber, daß rein rechnerisch sich nichts ändert, wenn man für die anfängliche Null (welche hier »das beliebig Kleine« meint) einen psychischen Ursprung einsetzt, der physikalisch einer *creatio ex nihilo* gleichkäme – ein reiner Spielgedanke hier, wo nicht der mindeste Grund besteht, eine andere als physische Ursache anzunehmen. Das ändert sich aber, wenn wir zu anderen Beispielen fortschreiten.

3. Das Auslöserprinzip in efferenten Nervenbahnen

Was wir vorgetragen haben, war nichts als die einfachste und gröbste, daher völlig unrealistische Illustrierung des *Auslöserprinzips*, das in höheren Organisationsformen der Materie, und zumal im ganzen Lebensreich, eine so gewaltige Rolle spielt. Gehen wir hier gleich zur Spitze der Pyramide, wo wir die subtilste Form der »umgekehrten Kegelspitze« antreffen. Angenommen, wir haben die Auslösepunkte A, B, C . . . an den ursprünglichen Kontrollzentren efferenter Nervenbahnen, entsprechend den respektive möglichen Befehlen a, b, c . . . an die Motilität, und daher das »Ja oder Nein« für die Aktionen α, β, γ . . . darstellend; und angenommen ein physikalischer Zustand, in dem die Chancen einer Aktivierung für alle gleich aber alternativ sind, also die Entscheidung darüber, welcher von ihnen »gefeuert« wird, völlig in der Schwebe ist; und schließlich angenommen, daß für die Aktivierung, d. h. zur Veranlassung des Übergangs von Potenzialität zu

Aktualität (»Auslösung«), eine Einwirkung kleinster Größenordnung erfordert ist: Was wäre dann physikalisch die Situation, wenn die »Wahl« tatsächlich auf A gefallen ist? Nun, der Vorgang a, d. h. die Neuro-Übermittlung des »Befehls«, und dann der Vorgang α, d. h. seine muskuläre Ausführung (und dann weiterhin alles, was daraus in der äußeren Welt folgt), können in physikalisch lückenloser Vollständigkeit der Determination nach Naturgesetzen beschrieben und damit erklärt (also idealiter auch vorausgesagt) werden – ohne darüber, *warum* gerade A, und nicht B oder C, aktiviert wurde, Auskunft geben zu müssen. Da die hierfür verantwortliche Größe für die Beschreibung des in der Folge Beobachtbaren einen Nullwert besitzt, macht es für dessen Angemessenheit an die Naturgesetze gar nichts aus, ob A oder B oder C aktiviert wurde: die Alternativen sind physikalisch alle *gleich* orthodox, gleich möglich vorher und gleich deterministisch nachher, und nur die »Entscheidung« darüber, welche von ihnen zum Zuge kommt, ist auf *dieser* Ebene der Berechenbarkeit indeterministisch.

Immerhin, da auch die relative »Null« der Auslösungsgröße natürlich keine wirkliche Null, sondern doch eine Größe (und nach der Quantentheorie sogar von einem unteilbaren Mindestwert) ist, so hat man das Recht zu fragen, woher diese denn kam und was *ihre* Determinierung war. Physikalisch sind hier zwei Antworten möglich: daß ihre Inzidenz auf A entweder gemäß dem »Unbestimmtheitsprinzip« ein reines Zufalls-Ereignis im vorhandenen Quantenfeld war; oder daß sie deterministisch aus der vorangehenden Verteilung folgte. Beides ist physikalisch im Prinzip annehmbar, aber beides widerspricht hier den Tatsachen: die Regellosigkeit widerspricht sowohl den physischen wie den seelischen Tatsachen, der mechanische Determinismus den seelischen allein (wie diese Abhandlung gezeigt hat), indem er ihnen keine Macht verstattet.

4. Die Möglichkeit psychischer Herkunft der Auslösung

Nun gäbe es noch eine dritte Alternative, die allerdings keine physikalische Erklärung mehr wäre: daß von seiten des Psychischen, also von jenseits des »Stoffes«, die zur Auswahl des Neurons bzw. seines Auslösers[20] benötigte physische Größe erzeugt wurde. Man erschrecke über diesen Gedanken nicht zu sehr und sehe zu, wohin das theoretisch führt. Es würde sich um einen Quantumzuwachs zum Vorhandenen handeln, der nicht von innerhalb des physischen Systems bestritten wäre, also rein physikalisch gesprochen um eine *creatio ex nihilo*. Die Kleinheit des so Erzeugten würde es für jede Zählung der physischen Faktoren in der Ereignisfolge unsichtbar machen; aber die Auswirkungen dieses Nichts in seiner Auslöserfunktion können ungeheuer sein – zu Krieg und Frieden, Gründung und Sturz von Reichen, Bau von Kathedralen und Atombomben, zur Begrünung oder Verödung der Welt führen. All diese Aktionsketten würden in ihrem physischen Makroverlauf für die Kausalanalyse ein den Konstanzgesetzen völlig entsprechendes, deterministisches Bild bieten, wie es *unzählige andere auch tun würden*; nur der jeweilige Anfang, der diese von den Alternativen aussonderte (übrigens unzählige Male wiederholt in jedem weiteren Verlauf, an dem Menschen mitwirken), wäre indeterministisch, d. h. nicht physisch, sondern mental determiniert – so wie die unmittelbare Erfahrung es sagt.[21] Die hierbei in der Tat wirksame Zusatzgröße würde in den von ihr ausgelösten Transaktionen ganz anderer Größenordnung einfach verschwinden. Anders gesagt: vom Standpunkt der Natur gesehen, wäre die tatsächlich eingeschlagene »Richtung«, wie beim Kegel, absoluter Zufall, der als solcher nie feststellbar ist.

Aber viele verschwindende Größen können sich doch zu merklichen summieren, und wovon wir sprachen, das soll nicht ein einmaliges, sondern sich unzählig und immer (nämlich mit jedem Wirkakt jeder Subjektivität) wiederholendes Ereignis sein. Möchte man sich denn immerhin, wenn auch unbehaglich, mit dem einmaligen oder seltenen Vorkommnis einer genügend kleinen physischen *creatio ex nihilo* abfinden, so kommt doch das hier Vorgeschlagene darauf hinaus, daß das Lebensreich über die ganze Breite der durch es ausgedehnten Subjektivität unaufhörlich der Natur anti-entropische Energie zuführt. Und das ist nicht nur theoretisch schwer verdaulich, sondern führt auch zu der methodologisch unabweisbaren Folgerung, daß, so wenig auch der Einzelzuwachs meßbar sei, seine Kumulation doch irgendwo in die Dimension des Beobachtbaren und experimentell Prüfbaren hineinwachsen müßte. Die Hypothese verliert also ihre schützende Empfehlung der Nichtinterferenz mit den Naturgesetzen.

5. Die passiv-aktive Doppelnatur des Psychischen

So wäre es in der Tat, wenn das Bisherige schon das Ganze wäre. Aber die Kehrseite muß ihm noch hinzugefügt werden, und mit ihr zusammen stipuliert die Hypothese keineswegs einen einseitigen Fluß des Werdens. Zunächst läßt sich einfach darauf hinweisen, daß die Subjektivität als solche ja zuvor von der Materie erzeugt werden mußte und diese in dem besprochenen Zufluß vielleicht nur ihren ursprünglichen Aufwand zurückerhält. Spezieller aber ist zu erinnern, daß – wie den efferenten Nerven afferente entsprechen – das Bewußtsein überhaupt in seinem Weltbezug wesenhaft eine Zweibahn- und nicht eine Einbahnstraße ist. Das bisher allein erörterte *Handeln* in die Welt ist basiert auf *Information* aus der

Welt, also letztlich auf Sinnlichkeit. Bei jedem Akt sinnlicher Affektion aber terminiert die physische Kette der Afferenz in einer mentalen Vorstellung, eben der Wahrnehmung, und auch dies kann nicht kausal kostenlos sein: ein gewisser Wert wird auf der physischen (»objektiven«) Seite verschwunden sein, um auf der psychischen in der radikal anderen Form der Subjektivität zu erscheinen. Wären wir daher nichts als kontemplative Wesen, die die Welt nur anschauten, so fände stetiger Abfluß von etwas aus der physischen Welt statt, also mit umgekehrtem Vorzeichen die gleiche Verlegenheit wie oben; wären wir nur aktive Wesen (etwa mit apriorischem intellektuellem Wissen um alle Objekte des Handelns), dann stetiger Zufluß mit *seiner* Verlegenheit. Da wir aber unzertrennlich beides sind, und zwar in durchaus wesentlicher Zusammengehörigkeit, so ist die Annahme nicht unvernünftig, daß vom physischen Standpunkt gesehen sich im Durchschnitt Zufluß und Abfluß beim ganzen Phänomen der Subjektivität die Waage halten, die beiden gegensätzlichen Verlegenheiten sich also ausgleichen.

Der Schlüssel zur Lösung des erst von einer philosophierenden Physik erzeugten »psychophysischen Problems« liegt also gemäß unserm Vorschlag in der uralten, aber niemals hierfür verwerteten Einsicht, daß unser Subjektsein diesen Doppelaspekt hat und aus Rezeptivität und Spontaneität, Sinnlichkeit und Verstand, Fühlen und Wollen, Erleiden und Handeln besteht, kurz, passiv und aktiv in einem ist. Zu welchem Bild also führt schließlich unser Modellversuch?

6. Das spekulative Modell

Um eine zuvor gebrauchte Metapher wiederaufzunehmen, sagen wir: Das Netz der Kausalität ist weitmaschig genug, um gewisse Fische sowohl hinaus- wie hereinschlüpfen zu lassen. Oder mit einem Wechsel des Bildes: Am »Rande« der physischen Dimension, der durch gewisse Organisationsspitzen wie Gehirne markiert ist, besteht eine poröse Wand, jenseits derer eine andere Dimension liegt und durch die hindurch eine Osmose in beiden Richtungen stattfindet, mit Priorität der vom Physischen her.[22] Was so für das Physische aus- und einsickert, ist von zu kleiner Größenordnung, als daß es im Einzelfall quantitativ erscheinen könnte, und im Ganzen gegenseitig so ausgleichend, daß sich am Gelten der Konstanzgesetze nichts ändert. Die Kleinheit schließt kraft des Auslöseprinzips größte physische Wirkung nicht aus. Der Durchgang durch die »Wand« aber bedeutet jedesmal eine radikale Transformation, bei der jedes Verhältnis der Äquivalenz, ja schon der *Sinn* quantitativer Zuordnung als solcher zu bestehen aufhört. Die größten Gedanken mit gewaltigsten Konsequenzen können sich aus dem minimalsten physischen input erheben, die nichtigsten aus dem größten physischen Dampf. Worauf es ankommt ist, daß in dem mentalen Intervall zwischen input und output ein Prozeß völlig anderer Ordnung als der physischen liegt. Wie groß oder klein die Schleife des Kreislaufs sei, die jenseits der Wand, in der psychischen Dimension, verläuft, sie steht nicht unter Regeln quantifizierbarer Kausalität, sondern mentaler Signifikanz. »Determiniert« ist natürlich auch sie, insofern alles in ihr seinen Grund hat, aber das heißt eben: bestimmt durch Sinn, Neigung, Interesse und Wert, kurz, nach Gesetzen der Intentionalität, und dies ist es, was wir unter Freiheit verstehen. Deren Ertrag wird schließlich in die physische Sphäre zurückgespeist, der jeder es dann ansehen kann (denn jeder weiß, daß die gedankenlose Natur keine Städte baut), ohne daß sie selber in irgendeinem Einzelnexus es sich ansehen läßt. Bei dem Transfer hin und her, wo Zugang und Abgang ständig stattfinden, bleibt auf der physischen Seite die Gesamtbilanz gleich (für die psychische läßt sich von so etwas nicht reden), und es ist das Niveau dieser Bilanz, auf dem die Naturwissenschaft ihr Erklären vollzieht: das *Verstehen* desselben Vorgangs geschieht vom Niveau des momentan außer der Bilanz Stehenden (also in diesem Sinn »Transzendenten«) her, dem er auch intentional entsprang.

Für das Psychische also lautet die kurze Formel: Von einer Kleinstmenge an Energie erzeugt, ist es imstande, Kleinstmengen von Energie wiederzuerzeugen. Inzwischen sind diese Mengen von der physischen Oberfläche »untergetaucht«, jedoch sowenig wie ein unterirdischer Wasserlauf ins wirkliche Nichts verschwunden – tauchen also auch nicht aus einem wirklichen Nichts auf, wenn das Bewußtsein handelt. Das »Inzwischen« selbst aber ist das Reich der Subjektivität und ihrer Freiheit.

Dementsprechend ist das Gehirn ein Organ der Freiheit, aber eben unter der Bedingung, daß es ein Organ der Subjektivität ist. Andersherum ausgedrückt, dächte man sich ein Gehirn von genau der physischen Beschaffenheit wie das menschliche, aber ohne zugeordnete Subjektivität, so würde es auch nicht die Leistungen in der sichtbaren Welt vollbringen (obwohl sicherlich respektable genug in der Leibeskontrolle), die wir vom menschlichen Gehirn kennen. Dies ist eigentlich alles, was man über den Unterschied der »Intelligenz« von Maschinen und Menschengeist zu sagen braucht. In diesem Punkt hatte also Descartes mit seinem berühmten Gedankenexperiment in Teil 5 des *Discours de la méthode* recht. Nur verdarb er es durch die Annahme, daß der Geist dann eine äußere Zutat zur Maschine des menschlichen Körpers sein müsse, und schuf so das psychophysische Problem des Wirk- oder Nichtwirkverhältnisses zwischen beiden. Nach uns ist schon die Annahme eines solchen »bloß physischen Gehirns« (außer beim Leichnam) unerlaubt: Eine derartige physische Organisation bedeutet eben in ihrem Funktionieren eo ipso die Eröffnung und Mitführung einer psychischen Dimension, die an der Gesamtkausalität des Gebildes, und zwar in gewissen Schlüsselstellungen, beteiligt ist. Es versteht sich daraus, daß die so gestiftete Freiheit nicht unbegrenzt, sondern ihrem Wesen nach der physischen Notwendigkeit mit einem hierdurch jeweils bestimmten Spielraum abgewonnen ist.

Physisch ist danach die Kraft des Bewußtseins in der Tat äußerst gering (nur nicht = 0), aber ausgeübt auf die besondere physische Organisation, deren Spitzen das Bewußtsein einnimmt und zu deren Rollen die eines »Verstärkers« gehört, hat sie die Möglichkeiten ins Große gehender Wirkungen zu ihrer Wahl, die in eben jener Organisation physisch gleichwertig bereitliegen. (Sie bereitzustellen ist wiederum der »Sinn« der Organisation selbst.) So kann kleinste Kraft mit größter Macht einhergehen, wenn sie jeweils genügt, »den Kegel zu kippen«.[23]

Ontologisch ist zu beachten: Das »Jenseits« der Wand ist kein Niemandsland, welches das Seinige für sich behält und worin es sich wie in einem Geisterreich verliert, sondern wie es fortlaufend nur von der Einspeisung aus dem Physischen lebt, erstattet es diesem das durch seine Transformation Hindurchgegangene zurück und gehört mit ihm zum *selben einigen Sein*, nur mit grundverschiedenem Nexus grundverschiedener Elemente innerhalb seiner

Eigendimension. Die Verschiedenheit hebt die Einheit nicht auf: Das einige Sein ist eben durch den vorherrschenden physischen Aspekt noch nicht erschöpft, wie uns die Stimme unseres Selbst von jeher gesagt.

7. *Bewertung des Modells*

Unser Modell erfüllt also diese drei Erfordernisse: (1) es vermeidet die Anomalie (wir dürfen sagen: den Skandal) einer kausalen Kostenlosigkeit des Werdens und einer kausalen Ohnmacht des Gewordenen hinsichtlich der Subjektivität, womit die materialistische Lehre den Naturbegriff belastet, zu dessen Schutz doch gerade die spezielle Theorie aufgeboten war: d. h. es erfüllt besser das Grundpostulat, daß *alles* Wirkliche in einem Zusammenhang des Wirkens steht; (2) es wahrt innerhalb des physischen Bereichs die Integrität der Konstanzgesetze,[24] erfüllt also das motivierende Interesse der anderen Lehre ohne den vorerwähnten unannehmbaren Preis – und ohne den noch unannehmbareren nachfolgenden; (3) es schafft Platz für die Macht und Freiheit der Subjektivität, mit deren Vernichtung die andere Lehre sich von ihrem Kern her selbst vernichtete.

Ganz gewiß, indem es der Naturlehre die Schmach der ad hoc ihr aufgehalsten Annahme vom kausalen Nullaufwand eines Werdens und kausalen Nullwert eines Gewordenen erspart, ebenso wie der Seelenlehre die Schmach zuerteilter ewiger Selbsttäuschung, zeigt unser Modell – willkürlich und unbeholfen wie es sei – größeren Respekt für beide Bereiche als die totale Willkür der anderen Lehre, von ihrem logischen Bankrott ganz zu schweigen. Man wird sagen, daß auch unseres ad hoc erfunden sei. Gewiß! Das *hoc* ist nicht weniger als die *Tatsache* aller Innerlichkeit, deren Selbsterweis, wie gezeigt, absolut ist und an theoretischer Dignität die eines erdachten und nachweislich übertriebenen Ideals der Natur unvergleichlich übersteigt. Wir haben dem Naturideal alle Ehre gezollt, die es verdient, aber nicht mehr; der Tatsache des Bewußtseins die mindeste, aber nicht weniger.

8. Beispiels-, nicht Wahrheitsanspruch des Modells

Dennoch, betonen wir es noch einmal, beanspruchen wir für unser Modell über den logischen Erfolg hinaus nicht *Wahrheit*. Mein Gefühl sagt mir, daß das richtige, wenn es überhaupt je zu haben ist, ganz anders aussehen würde;[25] und ich bin sicher, daß schon im Reich des freien Entwurfs viel bessere und elegantere möglich sind, zu deren Konstruktion ich bessere Geister hiermit auffordere. Worauf es bei meiner Konstruktion, mit allem offenkundigen Mangel an Finesse,[26] allein ankommt, ist daß sie (so glaube ich) in sich sauber ist und »die Phänomene rettet«, damit zeigend, daß man diesen auch auf andere Weise gerecht werden kann als durch Aufopferung eines von ihnen. Die wesenhafte Unüberprüfbarkeit, womit sie jenseits von Beweis *und* empirischer Widerlegung steht, versagt es dieser Konstruktion natürlich nicht weniger als ihrem Widersacher, eine wissenschaftliche Hypothese zu sein, die sie auch nicht sein will: Wie die andere, aber eben unhaltbare, ist auch sie ein Experiment der Spekulation.[27]

Wiederholen wir zum Schluß, daß die sogenannte »Lösung« in jedem Fall ein *opus supererogationis* ist, von dessen Ausgang nichts für die Gültigkeit der Hauptsache abhängt. Diese war die Wiedergewinnung der axiomatischen Wahrheit von der Macht der Subjektivität. Indem wir zeigten, daß innere und äußere Selbstbestimmung unteilbar sind, vermochten wir aus der Unveräußerlichkeit der einen, intramentalen, die jedes Theoretisieren schon bekennt, auch die *Tatsache* der anderen, d. h. der äußeren, kausalen Macht des Bewußtseins, zu beweisen, einerlei, ob sich von dem »Wie« ihrer Ausübung eine Vorstellung gewinnen läßt oder nicht. Der Hergang des Beweises war zwar indirekt, nämlich *e contrario*, durch kritische Zerstörung der Gegenthese, deren psychologische Macht erst gebrochen werden mußte, ehe der Weg zur einfacheren Wahrheit wieder frei wurde. Diese wurde dann am Ende durch die versuchte Einfügung in den weiteren Kontext unseres Wissens von der Natur nur verteidigt, nicht etwa erst gewonnen. Mag uns jenes konkrete »Wie« dabei auf immer entgehen (du Bois-Reymonds ›ignorabimus‹) – wir dürfen es auf sich beruhen lassen, wenn nur die angebliche »Unvereinbarkeit« aus dem Wege geräumt ist.

Im letzten vindiziert die Macht der Subjektivität sich selbst, *indem wir denken*, und sollte des Umweges der Hinwegräumung eines künstlich dagegen errichteten Interdikts nicht erst bedürfen. Der scheinbare Streit war denn auch innerlich bereits entschieden mit dem Anheben seines Überdenkens selbst. Aber in einer unseligen theoretischen Situation, in der nur noch das Mittelbare etwas und das Unmittelbare nichts mehr galt, mußte dies, dem Leser zur Last und der Zunft nicht zur Ehre, erst umständlich gezeigt werden.[28]

IV.
Nachtrag

Der folgende Nachtrag, über dessen Entstehung das Vorwort berichtete, bezieht sich gemäß dem dort Gesagten lediglich auf den »Lösungsversuch« zum psychophysischen Problem (der oben S. 68 beginnt) und läßt die vorangehende Kritik der Epiphänomen-These unberührt. Über deren erwiesene Unhaltbarkeit herrschte vorab Einverständnis, und auch darüber, daß jede Alternative zu ihr, wenn sie der als unveräußerlich erkannten Eigenmacht des Subjektiven gerecht werden soll, in der Richtung eines echten Wirkungsverhältnisses liegen muß – einer Wechselwirkung also zwischen Geist und Stoff, deren bloße Idee ihrerseits nur haltbar ist, wenn zuvor das »Unvereinbarkeitsargument« überwunden ist. Dieses jedoch besteht nur von seiten der Physik und ihrer proklamierten kausalen Autarkie, während der Geist in jedem Fall und nach eigenem Zeugnis für physische Einwirkung offen ist (z. B. in der Wahrnehmung). Damit wird die ganze Frage eine solche der theoretischen Physik: nur in ihr selbst kann der Verträglichkeitskonflikt, den sie heraufbeschworen hat, geschlichtet werden. Hierfür nun, so machte Professor Friedrichs klar, muß man auf die Quantentheorie zurückgehen, die mein an der klassischen Mechanik haftendes, hypothetisches Denkmodell unberücksichtigt gelassen hatte. Damit war das Leitmotiv der Gespräche gegeben.

Was aber den möglichen Ertrag eines solchen Rückganges in die physikalische Grundschicht (die subatomare) betrifft, so ist wohl zu unterscheiden zwischen einem negativen Gewinn – Beseitigung der behaupteten Unvereinbarkeit – und dem positiven einer Erklärung, *wie* die derart in ihrem Möglichsein rehabilitierte Wechselwirkung nun *wirklich* vonstatten gehen mag, d. h. wie das Hin und Her ihrer Übergänge vom einen zum andern Felde theoretisch vorzustellen ist. Nur das erste der beiden Ziele wurde in den Gesprächen erreicht: Die *Verträglichkeit* psychischer Kodeterminierung physischen Geschehens mit den Naturgesetzen wurde quantenmechanisch freigemacht. Doch kein Modellvorschlag, der die Stelle meines als unzulänglich befundenen hätte einnehmen können, übersetzte am Ende die gewonnene Freiheit in positive Hypothese. Dennoch scheint mir die Vorbereitung des Bodens dafür so nützlich für kommende Versuche, auf die ich hoffe, daß ich die Hauptstadien dieser Überlegung zu zweit nach bestem Vermögen wiedergeben will. Es erübrigt sich fast zu sagen, daß dabei der mathematische Physiker (der von jeher seine mathematische Lebensarbeit mit regstem philosophischem Interesse gepaart hat) durchaus die Führung hatte, die der Philosoph durch sein Fragen nur zu aktivieren suchen konnte.

1. Das Unvereinbarkeitsargument ist gültig auf dem Boden der klassischen Physik

Was die Unzulänglichkeit des vorgeschlagenen Modells betrifft, so richtete sich der Einwand weniger gegen die zugestandene Plumpheit des Bildes vom Absorbieren und Wiederausscheiden physischer Wirkgrößen durch den Geist als gegen den Versuch überhaupt, der *klassischen* Mechanik irgendwelchen Spielraum für Unbestimmtheit irgendwelcher Art abzugewinnen, wie mein Modell es versucht. Auch die noch so winzige und flüchtige »Verwischung« der Kausalität sei unvereinbar mit den Gesetzen der klassischen Physik, die nur exakte Kausalität kennt. Die Physik vor der Quantenmechanik kann das psychophysische Problem nicht anders als deterministisch behandeln und ist daher wirklich unverträglich mit Wechselwirkung zwischen stofflichen Vorgängen und Geist, wenn Geist etwas anderes als stofflicher Vorgang ist.

Eine Schwierigkeit für jeden, auch »nichtklassischen«, Lösungsversuch ist das Prinzip von Wirkung und Gegenwirkung, ohne welches in der Körperwelt keine kausale Transaktion gedacht werden kann und das daher auch für die psychophysische Wechselwirkung gelten müßte, mindestens auf der physischen Seite derselben.[29] Aber übt z. B. das subjektive Sinnesdatum, etwa die Erscheinung »rot«, die wir doch irgendwie als die »Folge« oder

»Wirkung« eines objektiven, neurophysiologischen Vorgangs ansehen müssen, eine Gegenwirkung auf diese ihre »Ursache« aus? Das rein innerphysische Schema von »Kraft und Gegenkraft« scheint hier doch nicht zu passen: Bei der Inkommensurabilität von Geistigem und Physischem als solchen hat eine dynamische Entsprechung dieser Art (gleichviel, in welcher Richtung der Verkehr im Einzelfall verläuft) einfach keinen Platz. Also muß der Wirkungsaustausch über die psychophysische Grenze hinweg artverschieden sein von dem zwischen physischen Entitäten, und das Vorbild der letzteren versagt für seine Darstellung. Dies ist eine der prinzipiellen Schwierigkeiten, mit denen jede Modellkonstruktion für die zu postulierende Wechselwirkung zu kämpfen hat; doch ist die quantenmechanische Dimension toleranter gegen ihr vorläufiges Offenlassen als die klassisch-rigorose der Makromechanik. – Jedenfalls: vor Ankunft der Quantenphysik bestand das Unverträglichkeitsargument zu Recht und ließ nur Parallelismus (statt Wechselwirkung) übrig, was auf Epiphänomenalismus hinausläuft.

2. *Unteilbarkeit von innerer und äußerer Macht der Subjektivität*

Beim Wählen zwischen physischen Handlungsalternativen sind zwei Phasen zu unterscheiden: (1) rein mental: ich entscheide mich für Präsidentschaftskandidaten A, d. h. ich werde mir schlüssig, ihm meine Stimme zu geben, ohne jetzt schon eine *Handlung* zu vollziehen (z. B. sprachliche Äußerung meines Entschlusses); (2) am Wahltag führe ich meine Entscheidung aus, indem ich in der Wahlkabine einen bestimmten Hebel herabdrücke; d. h. aufgrund meines mentalen Beschlusses vollziehe ich (mein Körper) eine physische Aktion. Der offenkundige Ort für das psychophysische Problem ist (2), und für den Physiker ist es der einzige, während er (1) dem Psychologen überläßt. Aber in der Abhandlung wurde gezeigt, daß auch (1), d. h. die interne Selbstbestimmung des Denkens, das Problem schon mit dem bloßen Anspruch auf Autonomie gegenüber dem physischen Bereich aufwirft, und daß letztlich Macht oder Ohnmacht des Geistes entweder in beiden Hinsichten gilt – nach innen wie nach außen – oder in keiner (siehe oben S. 49 f.). Ja, in Anbetracht des Umstandes, daß Denken selbst »mittels« eines physischen Organs stattfindet, nämlich des Gehirns, kann man sogar argumentieren, daß die beiden Fälle sich auf der physischen Seite nur als intrazerebrale und transzerebral-somatische Aktivität unterscheiden, die eine mikroskopisch, die andere (von der Muskelaktivierung an) makroskopisch, aber beide gleich psychophysisch. Doch die intrazerebrale Tätigkeit nehmen wir nicht wahr, und nur die motorische Handlung führt sichtbare und gewollte Veränderung in der Außenwelt mit sich, beginnend am eigenen Leibe. Hier, im Übergang vom Willen zur makroskopischen Handlung, ist es denn auch, wo das *Auslöserprinzip* sich als hilfreich in der Erklärung wenigstens des auswärts gerichteten Pfades psychophysischer Dynamik erweist. (Der umgekehrte Pfad, vom Sinnenreiz zur Wahrnehmung – kein geringeres Rätsel – wurde weiterhin nicht erörtert.)

3. Aspekte der Quantentheorie

Gehen wir nun zur Quantenmechanik über, so muß besonderer Nachdruck auf diesen Lehrsatz der Theorie gelegt werden: Es ist unmöglich, den Zustand eines Systems mit dem Grad von Vollständigkeit zu kennen, daß seine künftigen Zustände eindeutig vorhersagbar sind. Die Schranke ist grundsätzlich und nicht eine Folge derzeitiger Unvollkommenheit unserer Beobachtungsmethoden. Sie ist in der Tat ein integraler Teil der Theorie selbst.[30] Vertraute Ausdrücke wie »Zustandsbeschreibung«, »bestimmt«, »Vorhersage« erhalten einen veränderten Sinn. So ist zwar die Schrödinger-Funktion ψ für ein System, wenn sie zu einem bestimmten Zeitpunkt t_0 bekannt ist, auch für die Zukunft bekannt – aber nur solange keine neuen Messungen gemacht werden. Werden solche gemacht, so liefert die Schrödingerfunktion *Wahrscheinlichkeiten* für deren Ausfall, der insofern determiniert ist. Die in der Funktion enthaltene Information ist also nicht das, was die klassische Physik unter vollständiger Beschreibung des Systemzustandes für alle Zeiten $t' > t_0$ (wenn der Zustand für t_0 bekannt ist) verstand. Die quantenmechanische Information, wie gesagt, erlaubt nur, die Wahrscheinlichkeiten für das Ergebnis gewisser späterer Messungen (oder gewisser Wechselwirkungen des Systems mit anderen Systemen) vorauszuberechnen. Dies, und niemals mehr, ist es, was »Zustand des Systems in t_0« im Zusammenhang der Quantentheorie bedeutet. In manchen Fällen ist das mögliche Ergebnis künftiger Messungen in der Tat sehr scharf definiert, und man kann dann sogar sagen, daß sie mit großer Genauigkeit nur bestimmte Werte annehmen werden; z. B. der künftige Energiezustand eines Atoms wird einer der Werte A, B, C . . ., aber keiner dazwischen sein. Welcher von ihnen es sein wird, steht zur Zeit t_0 offen und unterliegt Wahrscheinlichkeitsstufungen. Demnach ist die von ψ ableitbare Vorhersage des Messungsbefundes in $t' > t_0$ *nicht eindeutig* bestimmt. Wollen wir immer noch von Kausalität sprechen (wozu wir bei hinreichender Weite des Begriffes alles Recht haben), so müssen wir es mit dem Bewußtsein tun, daß der Begriff jetzt von dem der klassischen Mechanik in zwei auffallenden Hinsichten verschieden ist. Erstens ist es grundsätzlich unmöglich, *gleichzeitig* die Werte *aller* mit dem System verbundener Größen zu messen, wie Lage, Geschwindigkeit, Energie etc. der Teilchen, und keine Gruppe späterer Messungen kann alle Werte der von der ersten Messung nicht erfaßten Parameter sozusagen rückläufig wieder einfangen.[31] Zweitens, ganz allgemein, *verändert* jede scharfe Messung, als ein Eingriff, den »Zustand« (im oben definierten Sinne) des Systems. Was man jeweils bis zu jedem Grade der Genauigkeit messen kann, ist *eines* von mehreren Untersystemen »kompatibler« Größen, die den »Zustand« oder die Schrödingerfunktion des Systems im gegebenen Zeitpunkt bestimmen. (»Kompatibel« heißt gleichzeitig meßbar ohne gegenseitige Interferenz der Messungen.) In diesem engen Sinne verstanden ist dann der Zustand in der Tat auch in der Zukunft bestimmt. Doch wenn man zu einem späteren Zeitpunkt eine der inkompatiblen Größen mißt, dann »kollabiert« der Zustand und wird durch eine neue Zustandsbeschreibung ersetzt. Ferner, je schärfer die Werte *einer* Gruppe kompatibler Größen gemessen werden, desto unschärfer sind die gleichzeitigen Werte der Alternativgruppe bekannt: Von einer Mittelgruppe gleicher Ungenauigkeit für beide erstreckt sich das Proportionsspektrum gleichzeitiger Kenntnis der inkompatiblen Größen zu den entgegengesetzten Extremen von 1 : 0, wobei das Produkt der Unbestimmtheiten konstant bleibt (Heisenberg). In summa, zu keiner Zeit ist der Zustand des Systems – und damit das Ergebnis künftiger Messungen – vollständig bekannt bzw. erkennbar: er ist, in diesem Sinne, eine »ultraphysikalische« Realität (Friedrichs).[32]

4. Nutzbarkeit der Quantentheorie für das psychophysische Problem

Die Bedeutung von all dem für unsern Gegenstand liegt darin, daß hier, an einer kritischen Stelle im Zusammenhang der Dinge, eine Lücke im Gewebe unseres Wissens klafft – eine Lücke, die grundsätzlich nicht zu schließen ist, die aber die terra incognita in ihrem Innern hinreichend definiert, um uns wissen zu lassen, daß in ihr nicht mehr an eine Physik eindeutiger Kausaldetermination appelliert werden kann.

Der Versuch, *in dieser Lücke* die Möglichkeit einer Lösung zum psychophysischen Problem, oder auch zu dem von »Freiheit und Notwendigkeit«, zu lokalisieren (oder dort ein asylum ignorantiae dafür zu suchen), ist nicht neu.[33] Die Tendenz trat fast vom Beginn der Quantentheorie an in Erscheinung und hielt sich hauptsächlich (soweit ich sehe) an zwei Aspekte der Theorie: (a) an das Komplementaritätsprinzip; und/oder (b) an das Unbestimmtheitsprinzip.

Die erstere Tendenz geht auf den Entdecker der »Komplementarität«, auf Niels Bohr selbst zurück, der in seinen philosophischen Reflexionen dazu neigte, den von ihm für die Quantentheorie gebildeten Begriff über diese hinaus auf andere Gebiete auszudehnen, ja, in seinem Formalismus ein generalisierbares theoretisches Instrument zu sehen, mit dem sich analog dem ursprünglichen Gebrauch verschiedenartige Antinomien in verschiedenen Gegenstandsbereichen auflösen lassen. Mindestens einmal, soviel ich sehe, probierte er auch seine Anwendung auf die Antinomie von »Freiheit und Notwendigkeit« aus, die der psychophysischen nahe verwandt ist.[34] Seitdem ist der Begriff der Komplementarität modisch geworden und man begegnet ihm (oder seinem Namen) heute weitab von der Welt der Quanten und Partikel als logischem Zauberstab für »Doppelaspekt«-Situationen aller Art (notorisch z. B. in den Sozialwissenschaften). Wie es damit im einzelnen immer stehe: wenn der Formalismus überhaupt übertragbar ist, wie Niels Bohr meinte und auch die offenkundigen Mißbräuche nicht ausschließen, dann liegt seine Kandidatur für eine Lösung des psychophysischen Problems *unter Vermeidung der anstößigen Wechselwirkung* auf der Hand und muß geprüft werden. Es wird sich zeigen, daß er auf die psychophysische Situation logisch nicht paßt.

Zuerst einige Worte über den ursprünglichen, quantentheoretischen Sinn des Begriffes, wie Niels Bohr ihn geprägt hatte. Er besagt, daß der »Zustand« eines Systems der subatomaren Größenordnung in der Sprache zweier, einander ausschließender Begriffsschemata beschreibbar ist, und daß wir jeweils eine, und nur eine, von zwei exklusiven Arten von Fragen an es richten können, aber nicht beide. Die Antwort auf die eine Art würde das System als Partikel beschreiben; die auf die andere als Welle. Aber die beiden Schemata, »Partikel« und »Welle«, sind nicht etwa äquivalente und nach Wahl austauschbare Darstellungsalternativen für dasselbe, sondern entsprechen je verschiedenen Klassen von Daten – denn Verschiedenes »fragen« heißt in der Physik eben Verschiedenes beobachten und messen. Das Neuartige der quantenphysikalischen Situation ist, daß die mehrstrahlige Beobachtung, wie sie schon nicht simultan sein kann (s. o.), auch nicht zu einem identischen Gegenstand konvergiert, wie sie es bei Makro-Entitäten tut (von demselben Himmelskörper – oder Billardball – kann Position, Geschwindigkeit, Bahn, Größe, Masse, Temperatur etc. prädiziert werden), sondern in zwei unvereinbare Objektschemata divergiert, die dennoch gleich »wahr« und in der Repräsentation des physikalischen »ens« dahinter komplementär sind. Zum Beispiel, die Positionskomponente x_1 ist komplementär zu der Impulskomponente v_1, demnach ist die aus der

Messung von x_1 sich ergebende Partikelbeschreibung komplementär zu der Wellenbeschreibung, die sich aus der Messung von v_1 ergibt. Wie schon gesagt, verhindert die Kenntnis (Messung) des einen Datum die Kenntnis des andern – je mehr ich von dem einen weiß, desto weniger von dem andern: doch beide sind benötigt für eine vollständige Beschreibung des Phänomens, sie »ergänzen« einander zu seiner »Wahrheit«, d. h. zu dem Wissen alles an ihm Wißbaren, obwohl sie nicht miteinander in einer Vorstellung bestehen können (etwas kann zur Zeit der Aussage nur *entweder* ein Partikel *oder* eine Welle sein). Quantenphysiker, denen Epistemologie leicht in Ontologie übergeht, drücken dies Paradox manchmal so aus: das Objekt »ist« ein Partikel, wenn ich seine Position messe, und es »ist« eine Welle, wenn ich sein Moment messe. Den Sinn dieses »ist« können wir dahingestellt sein lassen. Was immer aber das physische Substrat »an sich« sei, nur eine zweifache *Beschreibung* zu verschiedenen Zeiten kann ihm gerecht werden, ohne jedoch damit eine zweigeteilte Natur der Dinge anzuzeigen.

Nun ist es gewiß ein bestechender Gedanke, daß etwas Ähnliches auch auf den zweifachen Aspekt menschlichen Handelns (und bewußten Verhaltens überhaupt), die Innenansicht und die Außenansicht, zutreffen möchte und so eine Lösung für das alte Problem von Freiheit und Notwendigkeit liefern könnte: Beschreibungen ein und desselben Verhaltensablaufs in Begriffen physischer Notwendigkeit einerseits und mentaler Spontaneität anderseits sind »komplementär« im Sinne von Bohrs Prinzip; das Entweder-Oder ist ein solches der Repräsentation, nicht der Sache, und nur beide Repräsentationen *in* ihrer Verschiedenheit, ja Unvereinbarkeit, vermitteln die Wahrheit des identischen Tatbestandes. Wie im Falle der Partikel/Wellen-Beschreibungen sind beide gleich genuin – und, wie wir hinzusetzen sollten, gleich *symbolisch*: es sei denn, wir sind bereit, analog auch auf diese Situation die verwegen idealistische Behauptung gewisser Quantenphysiker anzuwenden, daß der »Gegenstand« selbst, dadurch daß sie ihn in der oder in jener Hinsicht messen, tatsächlich vom Partikel-sein zum Welle-sein (oder umgekehrt) wechselt – was doch selbst sie wohl kaum für die entsprechenden Alternativen in der Leib-Seele-Komplementarität annehmen würden.[35] Letztlich jedenfalls wird doch wohl die unterliegende, *von uns* derart doppelt objektivierte Realität als *in sich* ungeteilte verstanden (wie es mit Spinozas »Attributen« und der einen »Substanz« der Fall war).

Es ist nun zu zeigen, daß auch dieser jüngste Versuch so wenig einer Prüfung standhält wie jede – spinozistische oder sonstige – Abart eines psychophysischen »Parallelismus«.[36] Zuerst fragen wir: bleibt der Transfer zu dieser Materie *formal* dem Original treu, so daß bei allem Unterschied des Inhalts »Komplementarität« hier die gleiche logische Struktur hat?

Die Antwort ist nein. Für die Komplementarität in ihrer quantentheoretischen Konzeption bei Bohr selbst ist es wesentlich, daß die beiden Beschreibungen klar geschieden sind, jede in sich vollständig und keine in die andere übergreifend: die Wellenbeschreibung darf nicht mit korpuskularen Ausdrücken kontaminiert werden, und umgekehrt. Kurz, die beiden Modelle sind strikt alternativ. Aber wir können keine Beschreibung von irgend etwas »Mentalem« auch nur beginnen, ohne auf »Physisches« Bezug zu nehmen, auf die Welt der Gegenstände, womit Denken, Wahrnehmen, Fühlen, Wollen, Handeln aktiv und passiv zu tun haben. Das heißt: *jedes* Sprechen über »Geist« *muß* auch über Leib und Materie sprechen, jedes über die Subjektivität auch über ihre Objekte »da draußen«, also die physische Welt. Und wenn wir von uns selbst sprechen, so können wir nicht anders als dabei immer unser physisches und mentales Sein *zugleich* zu umfassen: also genau jene *simultane* Präsenz *beider* Seiten, welche die Quantentheorie für *ihre* komplementären Alternativen ausschließt. Von diesem ursprünglichen *Zusammen*gegebensein erhebt sich ja überhaupt das psychophysische Problem zuallererst. Hier ist die *Isolierung* der beiden Komponenten ein Artefakt der Abstraktion und ihre ineinandergreifende Kopräsenz das primär *Gegebene*. Selbst in der Abstraktion, so sahen wir, gelingt die Isolierung nicht wirklich, da die Beschreibung der einen Seite von sich her und unvermeidlich die andere einbezieht: die Linien selber laufen nicht parallel, sondern schneiden sich.[37] An dieser *transitiven* Bezogenheit allein, kraft deren jeweils die eine Beschreibung Elemente der anderen in sich hineinzieht, bricht die vorgebliche Analogie mit der quantenmechanischen Situation zusammen.[38]

Mehr zur eigentlichen Sache unserer Erörterung als diese formale Beobachtung ist die plane Erinnerung, daß die zum Austrag stehende Frage beim psychophysischen Problem die *Wechselwirkung* ist, insbesondere (gewiß für Bohrs Interesse an der »Freiheit«) die Frage einer *Intervention* des Geistes in den Vorgängen der Materie. Wenn dies überhaupt stattfindet (was eben in Frage steht), dann ist es alles andere als eine ständige Begleiterscheinung, ein unschuldiges Komplement physischer Prozesse: es ist vielmehr ein besonderes, hinzutretendes Ereignis, das ihren Verlauf kenntlich mitbestimmt, und ohne welches er anders wäre. Kommt das vor? Ist es möglich? Wie? Eine solche Frage ist offenbar sinnlos bezüglich der komplementären Wellen/Partikel-Beschreibungen: z. B. zu fragen, ob, in welchem Grade, bei welcher Gelegenheit der Wellenaspekt von Ereignissen seine Spur in ihrem Partikelaspekt hinterläßt. Aber eben diese Fragen (mit entsprechend ausgetauschten Termini) sind eminent sinnvoll im psychophysischen Zusammenhang. Komplementarität, ihrem formalen Wesen nach »nichtinterventionistisch«, erlaubt nicht, sie auch nur zu stellen, wenn ihre Anwendung auf diesen Komplex ernst gemeint ist. Ebenso sinnvoll ist es dort, zu fragen, *was* an unserm Verhalten, sogar an dem Geisteszustand dahinter, von physischer Notwendigkeit bedingt, beschränkt oder vorgeschrieben ist, und was *wir* wahrhaft in ihm anheben – also im gegebenen Fall die relativen *Anteile* der zwei Seiten auszumachen: Wiederum etwas, das auf Komplementarität im Originalsinne gänzlich unanwendbar ist. Kurz: »Partikel« und »Welle« haben keinen Verkehr miteinander, Leib und Seele haben ihn eminent.

In summa glaube ich, daß keine treue Analogie dessen, was die Quantentheorie unter »Komplementarität« versteht, auf unser Problem paßt, und Philosophen sollten sie dort lassen, wo sie hingehört. Das philosophische Interesse ihrer versuchten Aufbietung für das Leib-Seele-Problem liegt in dem, was sie mit Spinozas Parallelismus der Attribute gemein hat, nämlich die Prämisse verneinter Wechselwirkung, wovon sie eine verfeinerte Version zu bieten scheint. Aber sie teilt mit ihm die tödliche Schwäche jedes »Parallelismus«, daß er aller gegenteiligen Versicherung zum Trotz dem Körper die herrschende Rolle zuerteilt. Denn nur für den Körper, d. h. die materielle Natur allgemein, ist uns ein interner Determinismus so gleichförmiger Regel bekannt, daß sich Vorhersagen darauf gründen lassen. Nicht aber für den Geist, wo »Determinismus« eine abstrakte Beteuerung bleibt. Physikalische Kausalität ist jeder je vorgeschlagenen psychologischen Kausalität an eindeutiger und bindender Kraft überlegen. Nach der Logik von Theorie überhaupt muß der so ausgezeichnete, kausal »harte« Partner sich immer als der stärkere in der Paarung mit einem intern unterdeterminierten, »weichen« Partner erweisen, den das Parallelverhältnis nur die zweite Geige zur führenden Melodie des ersten spielen läßt. Die Materie wird dominieren, und der Geist muß ihr Folge leisten. Dies ist das nachweisliche Schicksal jeder Form von psychophysischem Parallelismus, wovon Komplementarität eine wäre.[39] »Epiphänomenalismus« lauert in allen von ihnen. – Kurz, selbst abgesehen von den zuerst angeführten formalen Defekten der Übertragung auf die psychophysische Sachlage enthält die »Komplementarität«, mit der Negierung der Wechselwirkung, einen *inhaltlichen Vorentscheid* über das Problem und hat ihm pränumerando den Stachel ausgezogen, der uns nicht zur Ruhe kommen lassen soll. (Oder aber sie ist nicht rigoros angewandt und dann wertlos durch Vagheit.)

b. Unbestimmtheit

Bessere Aussicht bietet das *Unbestimmtheits*prinzip. Seine Nutzung für die theoretische Sache der Freiheit liegt nahe, da es ihren Hauptfeind, den strikten Kausaldeterminismus schwächt, und der Versuch erscheint frühzeitig im literarischen Kielwasser der Quantentheorie. Fast ebenso früh allerdings wurden zwei ernste Einwände gegen die Idee laut. (i) Die Tätigkeiten des Geistes wie Denken, Entscheiden usw., wenn auch nicht bestimmt von physischer Notwendigkeit, sind doch nichts weniger als »unbestimmt«: ihre Freiheit geht zusammen mit hochgradiger Ordnung (oder unser Denken taugte nichts); daher kann kein Prinzip der Zufälligkeit (randomness) einer Theorie dieser Freiheit nützen. (ii) Selbst wenn es dies an sich könnte, so könnte doch kein Beitrag aus dieser Sphäre kausaler Auflockerung in die Ebene des Makrogeschehens vordringen, worin menschliches Handeln sich abspielt: Dort ist der probabilistische Spielraum der subatomaren Ebene, wo die Quantenmechanik herrscht, durch den dichten Determinismus der klassischen Mechanik ersetzt, die kraft der Statistik der großen Zahlen die Wahrscheinlichkeiten der Mikrosphäre in Gewißheiten der Makrosphäre verwandelt. Auch in dieser Hinsicht also verheißt das Unbestimmtheitsprinzip keinen Trost für die Freiheit, die eben in der Makrosphäre operieren muß.

(i) Dem ersten dieser Einwände – quantenmechanische Zufälligkeit contra mentale Regelhaftigkeit – läßt sich nur mit der Vermutung begegnen, daß der Geist irgendwie die Macht hat, die subatomare Unbestimmtheit (im Gehirn) zu seinem Zweck zu beugen – sozusagen aus dem Spektrum rivalisierender

Wahrscheinlichkeiten den ihm genehmen Gewinner auszuwählen. Von dem Hergang einer solchen Intervention oder Beeinflussung haben wir zur Zeit keine Vorstellung, wie sie zu einer Hypothese nötig wäre; und sie uns in einem spekulativen Modell zu verschaffen (ein induktives scheint ausgeschlossen), wäre Sache eben der Spekulation, d. h. nichtempirischer, imaginativer Konstruktion. Kein Veto der Naturwissenschaft oder rationalen Denkens überhaupt verbietet den Versuch dazu in den offenen Räumen jenseits des Verifizierbaren. Selbst wenn ihm zuletzt der Erfolg versagt bleibt (wie wohl sein mag), so stünde doch die generelle *Vermutung*, in deren Zeichen er unternommen wird, in keinem apriori Widerspruch zu den Daten und Regeln des physikalischen Ortes, für den sie gemeint ist. So mag sie bis auf weiteres die Freiheiten dieser terra incognita im Erraten oder Postulieren genießen (und ihre Risiken auf sich nehmen). Dabei müssen wir es hier belassen.

(ii) Dem zweiten Einwand – daß die subatomare Unbestimmtheit nicht in die Makrosphäre reicht – läßt sich positiver begegnen, wenn sich ein Weg zeigen läßt, auf dem ein einzelnes quantenmechanisches Ereignis eine Determinante auf der Größenebene unseres Erfahrens und Handelns werden kann. Hier nun beweist das (schon in meinem ursprünglichen Denkexperiment benutzte) *Auslöserprinzip* seine Fruchtbarkeit, denn es zeigt einen solchen Weg. Hiermit nehme ich den Faden der Gespräche mit Professor Friedrichs wieder auf.

5. *Quantenphysikalische Annahme über das Gehirn und die Frage seiner Replizierbarkeit*

Was würde folgen, wenn wir unterstellen, das *Gehirn* sei so organisiert, daß für seine Tätigkeit – folglich dann auch für das daher gesteuerte Verhalten des sichtbaren Leibes – Transaktionen auf der quantenmechanischen Ebene kausal relevant werden können? Noch vor der Erwägung, *wie* sie dies werden können, hob Friedrichs eine überraschende Konsequenz der Hypothese selbst hervor. In meiner Abhandlung hatte ich an einer Stelle (oben S. 80) die Frage aufgeworfen, welche Leistungen einem »Gehirn von genau der physischen Beschaffenheit wie das menschliche, aber ohne zugeordnete Subjektivität« zuzutrauen wäre, um bald darauf schon die Idee eines »bloß physischen Gehirns« als solche zu verwerfen, da von einer derartigen physischen Ordnung (N. B. einem *lebenden* Gehirn) eine psychische Dimension unzertrennlich sei (S. 81). Aber schon die nach Descartes' Vorbild als denkbar zugrundegelegte Fiktion der Duplizierbarkeit dieser physischen Ordnung *qua physischer* wurde jetzt beanstandet, und die Rede von einer »genau gleichen physischen Konstitution«[40] im Hinblick auf Gehirne für unstatthaft erklärt. Denn exakte Replikation setzt exakte Kenntnis aller Teile des zu replizierenden Systems voraus. Wenn aber solch ein System wirklich, im kausal wichtigen Sinne, durch quantenmechanische Zustandsbeschreibungen definiert ist, wie ex hypothesi das Gehirn, dann ist eben diese genaue, d. h. vollständige Kenntnis von ihm grundsätzlich nicht erreichbar und schon die bloße Denkbarkeit genauer Nachahmung fällt dahin. Es ist der Sache nach (und nicht nur unserm Vermögen nach wegen übermäßiger Komplexität) sensu strictu *unmöglich*, eine so genaue Kenntnis vom Zustand eines menschlichen Gehirns zu haben, daß man all seine künftigen Zustände, d. h. Leistungen, vorhersagen könnte (welche gemäß der Grundannahme auch noch nicht determiniert sind). Man kann es daher auch nicht konstruieren, denn zum Konstruieren muß man es kennen. Aber für das an ihm, was man konstruieren (bzw. entwerfen) *kann*, gilt dann die korrelative Wahrheit, daß es unvermeidlich ein deterministisches System sein wird. Mit Friedrichs' Worten: Unsere Kenntnis des physischen Zustandes eines menschlichen Gehirns *kann* nur so weit gehen, daß wir als seine Nachbildung einen Roboter konstruieren. Kurz, wenn »Zustand des Gehirns« in der Tat »Quantenzustand« bedeutet, dann bricht an diesem Gegenstand Descartes' berühmtes Gedankenexperiment einer »vollkommenen« physischen Nachahmung (selbst durch den Schöpfergott) zusammen.

Mit andern Worten: auch im rein physischen Aspekt, d. h. ohne die Rolle des »subjektiven« Faktors zu berücksichtigen, wie mein Argument es tat, ergibt sich, daß ein Roboter jeder beliebigen Finesse der Konstruktion hinsichtlich seiner physischen Leistung, d. h. des manifesten »Verhaltens«, immer ein Roboter bleiben wird.

6. Unbestimmtheitsprinzip, Auslöserkette und Makroverhalten (»Schrödingers Katze«)

Aber wie können »Entscheidungen« auf der quantenmechanischen Ebene das Makroverhalten determinieren? Mein Modell benutzte das Auslöserprinzip, und dieses wurde jetzt weiter ausgebaut. Seine Ergiebigkeit besteht darin, daß es wiederholt und in Serienkuppelung angewandt werden kann: Auslösung von Auslöser von Auslöser . . ., beginnend mit einem beliebig kleinen Energieaufwand am Ursprung der Reihe. Dies hatte ich selber im Auge, als ich (oben S. 81) vom Organismus in der Rolle eines »Verstärkers« sprach (wie übrigens schon Whitehead tat). Aber solange die Reihe im Geltungsbereich der klassischen Physik verläuft, kann sie nach rückwärts nie zu etwas neuem aufsteigen: selbst ein Nahezu-Null-Beginn würde immer noch den allgemeinen deterministischen Gesetzen unterliegen. Indessen, »Schrödingers Katze« kann

veranschaulichen, daß wir mit dem Auslöserprinzip unschwer (auch nach technischer Machbarkeit) in Regionen gelangen können, wo die Quantenmechanik und damit das Unbestimmtheitsprinzip in Kraft tritt.
Das unter dem Namen »Schrödingers Katze« bekannte Gedankenexperiment wurde von ihm angestellt, um das schwierige Problem der Rolle des Beobachters in der Quantenmechanik zu illustrieren.[41] Wir benutzen es hier zu einem etwas abweichenden Zweck, da es besonders handgreiflich auch den Unterschied von klassischer und Quantenmechanik in Sachen der »Kausalität« illustriert und zugleich zeigt, wie durch passendes Arrangement *Einzel*ereignisse der quantenmechanischen Dimension als ausschlaggebend in die Dimension der klassischen Mechanik hinübergeschleust werden können, wo normalerweise jedes solche Ereignis statistisch überschwemmt wird. Folgendes ist die von Schrödinger vorgestellte Situation: In einem Kasten befinden sich eine Katze, eine Phiole mit Blausäure, etwas radioaktives Material und ein Auslösermechanismus, der die Phiole zerbrechen (und dadurch die Katze töten) wird, etwa wenn ein Alphapartikel vom Zerfall der radioaktiven Substanz auf eine Scheibe bestimmter Größe am Anfang der Auslöserserie trifft. Wenn wir die Geometrie der Anordnung und den Zustand des Strahlungsmaterials in einem bestimmten Augenblick wissen, dann können wir mit

vielleicht großer Genauigkeit die Chancen dafür berechnen, daß eine Stunde später die Katze noch am Leben ist. Sagen wir, die Wahrscheinlichkeit sei ⅔. Was können wir dann aufgrund unserer anfänglichen Kenntnis des Systems zur Zeit t_o über den Zustand der Katze nach einer Stunde vorhersagen (also ohne inzwischen durch ein Fenster in den Kasten zu blicken)? Lediglich, mit bewußtem Widersinn, daß sie ⅓ tot und ⅔ lebendig ist.[42] In der klassischen Mechanik würde es grundsätzlich möglich sein (wenn auch praktisch vielleicht nur für einen »Laplace-Geist«), den exakten Augenblick des Todes der Katze vorherzusagen. Aber wir (einschließlich des Laplace-Geistes) können nicht vorhersagen, *wann* Schrödingers Katze tot sein wird, noch später rekonstruieren, wann sie getötet wurde.

Hätte es sich indessen um tausend Kästen gehandelt, mit so nahezu identischen Anfangsbedingungen, wie sich dies einrichten läßt, dann wäre die Aussage für eine Stunde später nicht jene absurde (die sie hinsichtlich *einer* Katze ist), sondern die ganz unparadoxe, daß zwei Drittel ihrer Anzahl lebendig und ein Drittel tot ist; und eine Besichtigung würde dies als der Wahrheit nahekommend befinden – um so näher, je mehr Kästen es sind. Also wird die quantenmechanisch bedingte Unvorhersagbarkeit für den Einzelfall mit wachsender Anzahl in immer bestimmtere Vorhersagbarkeit für die Gruppe umgewandelt. Doch bei der Frage von »Notwendigkeit und Freiheit« (oder »Leib-Seele« allgemein) geht es nicht um Bevölkerungen und Durchschnitte[43], sondern gerade um das Individuum, ebenso wie es hinsichtlich der Einzelkatze darum geht, ob *sie* lebendig oder tot ist, und *wann* in der Ja-nein-Alternative gegebenenfalls die letztere eintrat. Der Sinn von Schrödingers Gedankenexperiment in dem Zusammenhang, in dem es hier verwendet wird, ist gerade der, daß es ein Einzelfall-Experiment ist. Es illustriert daher die Sache, um die es hier geht: wie »Unbestimmtheit« mittels subtiler Organisation von der Mikro- in die Makro-Ordnung hinübergeleitet werden kann, anstatt wie sonst dort in der statistischen Bestimmtheit großer Zahlen zu ertrinken.[44] *Wenn* nun aber, der Hypothese zufolge, das menschliche Gehirn eine derartige Organisation *ist*, dann *könnte* es, was die physikalische *Zulassung* angeht, für die Makrodetermination des Leibes, d. h. für unser offenbares Verhalten (ebenso wie für die Determination seiner innerzerebralen Prozesse im bloßen Denken), den Spielraum genießen, den die quantenmechanische Unbestimmtheit seiner basalen Ebene ihm an Entscheidbarkeiten zur Verfügung stellt. Das heißt aber: *mittels* des Gehirns könnte das *Bewußtsein* sich dieses Spielraums bedienen. Freilich (so betonte Professor Friedrichs) *erklärt* dies »könnte« noch keineswegs, *wie* es sich seiner bedient, d. h. den Hergang einer Einwirkung des Geistes auf die Materie oder eines Wechselverkehrs zwischen den beiden (»keine Theorie *darüber* ist in alledem enthalten«); aber es *beseitigt* das axiomatisch sanktionierte Vorurteil, daß die ganze Idee eines solchen Kausalverhältnisses unannehmbar sei für die physikalische Theorie und deshalb sein Vorkommen (wie immer zu beschreiben) per se geleugnet werden müsse. Mit andern Worten, es entkräftet das »Unverträglichkeitsargument« im psychophysischen Problem und damit das peremptorische Veto des Materialismus. Der Gewinn, wenn auch aufs Negative beschränkt, ist philosophisch bedeutsam, und er ist von innerhalb der Erkenntnisprovinz erlangt worden, von der das Veto ausging: In der Quantenphysik besteht *kein* flagranter Widerspruch zwischen Mechanik der Natur und Einfluß des Bewußtseins.

7. Bilanz der Überlegung

So weit führte das hier berichtete Gespräch im Sinne von »Ergebnissen«. Sie machen diesseits einer Lösung Halt, aber rechtfertigen die Vermutung, oder stärken die Ahnung, daß »hier«, im Raume quantenmechanischer Vorgänge, der *Ort* sein muß, wo die geheimnisvolle Schaltung stattfindet – vom Geist zum Stoff und vom Stoff zum Geist (in dieser zweiseitigen Umschlagsrolle an Descartes' Zirbeldrüse unseligen Angedenkens erinnernd, doch von besserer theoretischer Dignität). Der Haltepunkt hat die einladenden Merkmale einer Schwelle. Sie zu überschreiten, d. h. vom Räsonnement der Möglichkeit und der Bestimmung ihres physikalischen situs zur Erklärung (Darstellung) der Transaktion selbst fortzuschreiten, erfordert ein theoretisches Modell, dessen Termini weder der einen noch der andern Seite der Disjunktion entlehnt sind – ein »tertium quid« jenseits davon, ihrer Alternative gegenüber neutral und keine Seite durch Assimilation an die andere sich selbst entfremdend, jedoch imstande, so etwas wie eine Transmutation, Konversion oder sonstigen Übergang zwischen den beiden begreiflich zu machen. Zur Zeit ist kein solches Modell in Sicht. Meine allzu grobe Metapher von der »osmotischen Wand«, deren einseitig physische Entlehnung gegen obige Regel verstößt, konnte keine Gunst in den Augen des Physikers finden (auch in meinen nicht in vollem Ernst). Etwas Besseres ist sicherlich erreichbar, doch die volle theoretische Lösung wird uns vielleicht auf immer entgehen. Jedenfalls tat sie es bei dieser Gelegenheit. Auf dieser Note partiellen Erfolges und partiellen Scheiterns endete die Diskussion. Wie Friedrichs es dramatisch für sich selbst beschrieb: Als ich bis an diesen Punkt gelangt war, wo nach meinem Gefühl die Lösung gesucht werden muß, dachte ich und dachte ich – und gab es schließlich auf.

Hier also ist du Bois-Reymonds »ignoramus« gegenwärtig situiert, vielleicht sogar das »ignorabimus«, aber in jedem Falle besser situiert als vorher, weil einer logischen Zwangsjacke entledigt, die der Sache fälschlich angelegt war. In dieser Zwangsjacke, d. h. bei geltendem Unvereinbarkeitsverdikt, war die Problemlage unerträglich, der Verzicht auf eine Lösung ein Rat der Verzweiflung, dem bestenfalls die Würde einer »ewigen Antinomie« nach kantischem Vorbild zum einigermaßen ehrenhaften Trost gereichen konnte. Die quantentheoretische Beseitigung der Unverträglichkeit entzieht dem Problem diese Würde, deren es auch nicht mehr bedarf, denn in dem, was es jetzt noch zu lösen aufgibt, darf das Zusammenbestehen von geistiger Spontaneität mit mechanischer Kausalität füglich schon vorausgesetzt werden – und so steht nicht mehr die Würde des Menschen, nur noch die Reichweite seines Verstehens auf dem Spiel, wenn man weiterhin das »Wie« der vindizierten Wechselwirkung zu enträtseln trachtet. Ein Aufschub der Lösung hier (selbst ein permanenter, was ihre Vollständigkeit betrifft) ist eine theoretisch und moralisch erträgliche, wenn auch bescheiden stimmende Situation.

Für mich füge ich hinzu, daß selbst ein »ignorabimus« *gemäß den Kriterien der Naturwissenschaft* die begriffliche Anstrengung spekulativer Philosophie in dieser Frage nicht zum Halten zu bringen braucht.

Anmerkungen

1 H. Jonas, »On the Power or Impotence of Subjectivity«, in dem Sammelband PHILOSOPHICAL DIMENSIONS OF THE NEURO-MEDICAL SCIENCES, hrsg. von S. F. Spicker und H. T. Engelhardt, Jr. (D. Reidel Publishing Company, Dordrecht/Holland, 1976).

2 Aus diesen Zusammenkünften im Hause Magnus wuchs die Berliner physikalische Gesellschaft hervor, die sich später zur deutschen physikalischen Gesellschaft weiterentwickelte. – Als hübscher Zufall sei erwähnt, daß ein Sprosse der gleichen Familie Magnus, der Mathematiker Wilhelm Magnus, den Gesprächen zwischen Friedrichs und mir (s. Vorwort) protokollführend beiwohnte. Dann sei dem Genealogischen, das hier sein (wohl doch nicht so ganz zufälliges) Spiel trieb, auch noch hinzugefügt, daß die Gemahlin Richard Courants, Begründers des Instituts, dem meine beiden helfenden Mathematikerfreunde angehörten, eine Enkelin du Bois-Reymonds ist.

3 »Brücke und ich, wir haben uns verschworen . . .«: so du Bois-Reymond in einem damaligen Brief an Hallmann, zitiert von Wolfgang W. Swoboda, »Ernst Brücke als Naturwissenschaftler«, in der Einleitung zu ERNST WILHELM BRÜCKE. BRIEFE AN EMIL DU BOIS-REYMOND, 1. Teil (hrsg. von Hans Brücke [u. a.], Publikationen aus dem Archiv der Universität Graz, Bd. 8/1, Graz 1978), S. XXXIV.

4 Darüber wiederum du Bois-Reymond an Hallmann: »Helmholtz' Bekanntschaft ist mir inzwischen geworden . . . Dies ist (sauf la modestie) zu Brücke und meiner Wenigkeit der *dritte organische Chemiker im Bunde*. Ein Kerl, der Chemie, Physik,

Mathematik mit Löffeln gefressen hat, ganz auf unserm Standpunkt der Weltanschauung steht . . .« (a.a.O.) Swoboda betont anschließend, »daß diese jungen Wissenschaftler sich selbst als eine Art Verschwörung ›organischer Physiker‹ gegen den Vitalismus betrachteten«.

5 ÜBER DIE GRENZEN DES NATURERKENNENS (Rede vor der 45. Versammlung deutscher Naturforscher und Ärzte in Leipzig 1872), Leipzig 1872 mit häufigen Neuauflagen, auch in REDEN, Bd. 1, 1886. ›Ignorabimus‹ sollte ausdrücken, daß wir es hier nicht mit einem zeitweiligen, sondern grundsätzlichen Nichtwissen, einer Nichtwißbarkeit zu tun haben, die bezeichnete Erkenntnisgrenze »eine unbedingte« ist. Über *zwei* Fragen des Naturerkennens wird dies Urteil verhängt: die Frage »nach dem Wesen von Materie und Kraft« (im Unterschied zu ihren Wirkungsgesetzen), und die Frage nach der »Verbindung von Leib und Seele«, das psychophysische Problem. Bezüglich des letzteren erkennt du Bois-Reymond richtig, daß schon beim Problem der Sinnesempfindung, nicht erst bei dem der Willensfreiheit, die »analytische Mechanik« an die eine ihrer beiden unüberschreitbaren Grenzen stößt. Zum Schluß erwägt er die Möglichkeit, »ob die beiden Grenzen unseres Naturerkennens nicht vielleicht die nämliche seien, d. h. ob, wenn wir das Wesen von Materie und Kraft begriffen, wir nicht auch verständen, wie die ihnen zugrundeliegende Substanz unter bestimmten Bedingungen empfindet, begehrt und denkt. Freilich ist diese Vorstellung die einfachste, und nach bekannten Forschungsgrundsätzen bis zu ihrer Widerlegung der vorzuziehen, wonach . . . die Welt doppelt unbegreiflich erscheint. Aber es liegt in der Natur der Dinge, daß wir auch in diesem Punkt nicht zur Klarheit kommen, und alles weitere Reden darüber bleibt müßig.« So ist das letzte Wort, gedanklich wie typographisch, *›Ignorabimus!‹*. Gegen die Proteste des skandalisierten wissenschaftlichen Optimismus, die damals den Ausspruch grüßten, müssen wir heute noch dem Verfasser ein richtiges philosophisches Gefühl dafür

bezeugen, daß diese Fragen eben der Naturwissenschaft *als solcher* transzendent sind.

6 Zu den schwachen Gründen rechne ich den im 17. Jahrhundert vielberufenen, zwischen Wesensverschiedenem sei kein Wirkungsaustausch möglich, da hierfür ein beiden Gemeinsames da sein muß, in dem sie sich begegnen können; Körper und Geist aber haben nichts gemeinsam, usw. Das Argument ist wertlos, da es ein Unvermögen unserer Vorstellung, nämlich was das »Gemeinsame« sein könnte, in ein Unvermögen der Sachen ummünzt. Trotz seines verheißungsvollen Begriffs der einen gemeinsamen »Substanz« erlag ihm auch Spinoza in seiner Attributenlehre, die im Effekt nur dem Materialismus zugute kommt (siehe unten, Anmerkungen 9, 36 und 39).

7 Hieran denkt man immer zuerst, da die Welt der Physik offenkundiger der Leidtragende ist, wenn dem Geist in ihren Verlauf sich einzumischen verstattet wird, als wenn sie ihrerseits den Geist verursachend oder bestimmend gedacht wird. Aber genauer besehen leidet hierbei ihre kausale Geschlossenheit nicht weniger, und nach der gleichen Logik, die keinen Einfluß des Mentalen auf die Körperwelt zuläßt, wäre auch umgekehrt (wie Spinoza wohl erkannte) kein Einfluß des Körperlichen aufs Mentale möglich – also z. B. keine sinnliche Wahrnehmung. Denn wann immer im *Fühlen* von Lebewesen ein physischer Reiz in einer psychischen Präsenz – z. B. Vorstellung – terminiert, also mit irgendeinem Teilbetrag in sie verschwindet (um eben dort zu »erscheinen«), müßte die physikalische Bilanz, wenn sie zu ziehen wäre, einen Verlust aufweisen und das Erhaltungsprinzip wäre verletzt. Davon später. Vorgreifend sei schon gesagt, daß diese gern übersehene Kehrseite zum Wirken von Geist auf Stoff, welche an sich genauso ärgerlich für die kausale Selbstbeschlossenheit der physischen Welt ist, den Schlüssel zur Auflösung des psychophysischen Problems liefern könnte.

8 Es handelt sich hier um einen logischen Typ von Tatsachen-

sätzen, die wegen ihres Totalismus nur widerlegbar sind – nämlich durch eine einzige Ausnahme – aber nicht beweisbar – nämlich durch Erschöpfung der Unendlichkeit der Einzelfälle – und wo Ständigkeit der Nichtwiderlegung den Platz des Beweises einnimmt.

9 D. h. der Ausgleich ging im Effekt immer in die Richtung des Materialismus. Das ist auch bei den, scheinbar aufs Gleichgewicht des Paares abgestellten, »parallelistischen« Versuchen der Fall, wie sich am Beispiel Spinozas zeigen läßt: aller metaphysischen Gegenbeteuerung zum Trotz ist das Geistige einseitig vom Körperlichen bedingt. Der Grund für diese a-priori-Überlegenheit der Körperseite in dem Konflikt ist einfach der, daß es für diese eine deterministische Wissenschaft gibt (die Physik), für die andere aber nicht, sich also nur für die eine voraussagen läßt, was jeweils danach kommt, dem dann die andere, nicht ähnlich befestigte Seite sich anpassen muß. (Vgl. S. 104 f. sowie Anmerkungen 36 und 39.)

10 Man wird hierin die völlige Umkehrung der Jahrtausende währenden älteren Ansicht bemerken, daß der Körper das Vergängliche, der Geist das Unvergängliche ist. In der Tat, welches Sinnbild der Vergänglichkeit könnte überzeugender sein als der verwesende Leichnam? Für den Körper als organisches Ganzes gilt dies weiterhin. Aber was früher (außer von den Atomisten) nicht gesehen wurde: die unverminderte Erhaltung des Stoffes, aus dem er besteht und der unabhängig von ihm und von jeder Zusammensetzung für sich existiert – das steht heute im Vordergrund des Blicks und beherrscht das ontologische Bild.

11 Oder genauer: sie können vom Geiste her *auch* mittelbar bewirkt werden, nämlich in *Nachahmung* dessen, was er sonst, im leibhaften Handeln, unmittelbar bewirkt. Denn schließlich sind die betr. Automaten ja das geplante Werk ihrer Konstrukteure. Indessen ist die materialistische Behauptung freilich, daß *deren* »Konstrukteur« wiederum der planlos mechanistische Evolutionsprozeß war, sie selber also nichts anderes als maschinen-

konstruierende Maschinen mit dem Divertimento des Bewußtseins seien.

12 Der Vergleich ist so gut und so schlecht wie der des Spiegelbildes, das auch kein Eigenleben gewinnen kann. Aber sowohl Bildschirmprojektion wie Spiegelbild stehen doch selber im physischen Zusammenhang und sind ihm keineswegs als »Epiphänomen« übergelagert: Sie haben also teil an den kausalen Umsätzen, die auch für »Signale« einen (wenn auch kleinen) Energieaufwand erfordern. Tatsächlich versagen hier alle Vergleiche, kein anderes Phänomen fällt in diese Klasse: der Begriff »Epiphänomen« hat in dem, wofür er erfunden wurde, sein einziges Beispiel.

13 Eine wirklich methodische Behandlung hätte erst zu erklären, was »Scheinexistenz« bedeutet, und müßte mit der Frage beginnen: Was ist Schein? Das Entfernte erscheint klein, die Sterne scheinen um den Himmelspol zu kreisen, das Korpuskulare erscheint kontinuierlich, der Schwindler scheint ein ehrlicher Mann, der Träumer scheint von einem Ungeheuer verfolgt zu werden. Das Scheinen ist hier das Andersscheinen von etwas, das ist, oder – wie im letzten Beispiel – das Erscheinen von etwas, das überhaupt nicht ist. Nur im letzteren Fall können wir von purem Scheindasein sprechen: das Geträumte ist nichts als Traum, das Halluzinierte nichts als Halluzination. Selbst hier aber, wo das Erscheinende unwirklich ist, ist das Erscheinen selber doch wirklich, und a fortiori der, *dem* es erscheint: es träumt mir, es scheint mir. Der Träumer muß da sein, damit ein Traum geträumt werden kann. Aller »bloßen Subjektivität« liegt das Sein des Subjektes zugrunde und kann, bei Strafe unendlichen Regresses, nicht selber »bloß subjektiv« sein. Dies war Descartes' großes Argument im *cogito ergo sum*: Sei selbst alles Erscheinende unwirklich, oder auf immer anders als es erscheint (einschließlich der mir-Erscheinung meiner selbst), so fällt doch das schließliche Opfer solcher Täuschung wesensmäßig nicht in die Gattung der Erscheinung. – Offenbar haben wir

im Begriff des »Epiphänomens« einen weit extremeren Begriff von »Schein«, und es fragt sich eben, ob dieser überhaupt noch einen Sinn hat.

14 *Er* also kann nicht für das Gehirn (dessen Determinanten bereits voll für die Fortsetzung seiner eigenen Prozesse in Anspruch genommen sind) eine Kraft zum Determinieren aus dem Nichts und für das resultierende Produkt eine Ohnmacht zum Determinieren aus dem Etwas behaupten.

15 Außerdem macht der wesentlich verneinende Gehalt die Hypothese prinzipiell unüberprüfbar. Dies ist kein Schutz für sie. Denn kausaler Nullaufwand eines Werdens und kausaler Nullwert eines Gewordenen stehen in planem Widerspruch zu allem, was wir von der Natur wissen, und verlangt positiven Beweis. D. h. gemäß dem allgemeinen Seinsgesetz muß zuerst die umgekehrte These angenommen und dann für den Sonderfall widerlegt werden, nicht die singuläre Ausnahme angenommen und dann ihre Unbeweisbarkeit in den Vorteil der Unwiderlegbarkeit gekehrt werden. Der Verdacht einer bloßen Ausflucht verstärkt sich hier zur Gewißheit.

16 Das zweimalige Eingeständnis im Einvernehmen mit dem Gesamtprinzip der Natur ist unwillkommen, aber theoretisch sauber, das einmalige im Widerspruch mit ihm ein Taschenspielertrick, der das viel größere Unwissen dahinter verbirgt. Denn zwar liegt auf der Bejahung der psychophysischen Wechselwirkung die immerhin aufschiebbare Last, zu zeigen: wie sie konkret mit unserm physikalischen Wissen vereinbar ist; aber auf der Verneinung liegt die enormere und unaufschiebbare, zu zeigen, wie auch nur die Idee irgendeines einseitigen Wirkungsverhältnisses sich mit unserm Wirklichkeitsbegriff überhaupt vereinigen läßt.

17 Hierbei darf die Frage nach der Subjektivität nicht mit der nach der Zerebration vermengt werden: *deren* Entwicklung als einer wirksamen Ausstattung ist nach Ausleseprinzipien durch die Vorteile im »Kampf ums Dasein« wohl erklärlich.

18 Die psychologische Antwort auf die Frage: wie war das möglich?, ist kurz: Fanatismus der Wissenschaftlichkeit.

19 Vgl. hierzu *Organismus und Freiheit* S. 187 ff. über »Materialismus, Determinismus und der Geist«, besonders 195-197.

20 Mag dieser auch mit seiner nötigen Energie schon da sein, so erfordert doch seine *Auswahl* aus vielen auch durch einen »Maxwellschen Dämon« wieder Energie.

21 Vergleiche die Anwendung dieses Gedankens neutraler, d. h. kausal indifferenter Schwellensituationen auf die Theorie der *Geschichte* in H. Jonas, »Im Kampf um die Möglichkeit des Glaubens. Erinnerungen an Rudolf Bultmann und Betrachtungen zum philosophischen Aspekt seines Werkes«, in: GEDENKEN AN RUDOLF BULTMANN, Tübingen (Mohr-Siebeck) 1977, S. 59-64. In DAS PRINZIP VERANTWORTUNG wird S. 143 ähnliches für die Naturlehre angedeutet und in Anmerkung 10 (S. 397) speziell für die Evolution nutzbar gemacht, die ebenfalls als eine Serie oft wiederholter kritischer Gleichgewichtsschwellen, im Sinne der hier vorgeschlagenen kausalen Nullpunkte, verstanden werden kann, an denen jeweils eine finale Tendenz ihre »Vorliebe« ausüben konnte. – Die hier sehr einschlägigen Überlegungen der Bultmann-Gedenkrede sind ab S. 134 als *Anhang* wiedergegeben.

22 Dies folgt aus vielem vorher Gesagten und entspricht u. a. der kantischen Aussage, daß alles Erkennen (dann natürlich auch alles Handeln) »mit der Erfahrung anhebe«.

23 Diese Ansicht der Sache würde z. B. Telekinese und sonstige spiritistische Makro-Effekte ausschließen.

24 Diese sind nur verletzt, wenn sich im allgemeinen Energiegefälle irgend etwas anders ändert als nach dem Entropiegesetz der Fall sein müßte, und dies tritt in unserm Modell nicht ein.

25 Ich bin jedoch überzeugt, daß das, was wir den »Schlüssel« zur Lösung des psychophysischen Problems nannten – die passiv-aktive Zweiseitigkeit aller Subjektivität – bei jedem Lö-

sungsversuch eine Rolle wird spielen müssen; ebenso das Auslöserprinzip. An die sonstigen Einzelheiten meines Lösungsversuchs fühle ich mich nicht gebunden. Das Bild der »Wand« z. B., bei dem die durchlässige Zellmembran Pate gestanden hat, ist sicher zu scharf, und ein Kontinuum mit eigenem Spektrum scheint aus verschiedenen Gründen angemessener, aber ich habe keine Vorstellung, wie dies zu konstruieren wäre. Letzten Endes wird die Aufgabe eine solche der *Ontologie* sein, ihre Lösung also wohl ein erst zu entwerfendes kategoriales Schema, in dessen Begrifflichkeit schon unser – jetzt disjunktives – Sprechen von »Materie« und »Geist« verändert sein würde.

26 Gerne lasse ich mir auch den Tadel des Dilettantismus gefallen. Auf der Scheide von Natur und Geist sich vermutend ergehen, also *zwischen* den Gebieten, von denen es Fachwissen geben kann, ist Dilettieren per se.

27 Was die Grenze von Natur und Geist kreuzt (also »metaphysisch« im buchstäblichen Sinne ist), kann keine wissenschaftliche Hypothese sein.

28 Die Mühe dazu habe ich wegen der hier »an sich« bestehenden Selbstevidenz viele Jahre lang für überflüssig und auch ein wenig beschämend gehalten. Erst die immer wieder angetroffene Hartnäckigkeit des materialistischen Idols, selbst bei nachdenklichsten Geistern im Lager der Wissenschaft (und ihren philosophischen Mitläufern), hat mich schließlich dahin gebracht, ein solches Aufgebot von Selbstverständlichkeiten an die Wiederherstellung eines niemals wirklich Zweifelhaften zu verwenden. Daß der hier zu widerlegende Standpunkt theoretisch an sich nie respektabel war, läßt mich am Ende mit dem Gefühl übertriebenen Aufwandes. Sollte es mir jedoch gelungen sein, einen lange umgehenden Geist endlich zur Ruhe zu legen – und ein solcher ist die soeben erst durch die Kybernetik wieder aufgefrischte materialistische Lehre vom Geist –, so soll mich die Mühe und auch die Plagung des Lesers damit nicht gereuen. Den Rücken frei können er und ich uns nun lohnenderen Din-

gen zuwenden: der ernsthaften Reflexion über unsere Pflichten – das heißt, über den sittlichen Gebrauch unserer *Freiheit*.

29 Auf die psychische Seite in ihren internen Transaktionen ist das Prinzip offenbar gar nicht anwendbar. Niemand kann auf den Gedanken kommen (ja, auch nur eine Vorstellung davon bilden, was es heißen mag), daß *a* eine Rückwirkung von seiner Folge *b* erleidet, wenn z. B. ein Hungergefühl *(a)* Eßlust *(b)* hervorruft und diese den Entschluß *(c)*, zur Speisekammer zu gehen; oder wenn die Denkwahrnehmung *(a)*, daß der Außenwinkel gleich der Summe der beiden gegenüberliegenden Innenwinkel ist, zu der Einsicht *(b)* führt, daß die Summe der Innenwinkel jedes Dreiecks gleich zwei Rechten ist (Euklid I, Lehrsatz 32) – was doch im weitesten Sinne, hinsichtlich der dabei registrierbaren psychologischen Abfolge der Bewußtseinszustände, ein Ursache-Wirkung-Verhältnis ist, ohne jedoch ein Kräfteverhältnis zu sein.

30 Im Hinblick auf diesen Aspekt darf man wohl an die von Werner Heisenberg berichtete Äußerung Niels Bohrs aus dem Jahr 1952 erinnern, »wenn man nicht zunächst über die Quantentheorie entsetzt ist, kann man sie doch unmöglich verstanden haben«. Bohr hatte dies Entsetzen vermißt nach seinem Vortrag über die damals noch neue Quantentheorie vor Philosophen positivistischer Richtung, besonders der Wiener Schule, auf einer Tagung in Kopenhagen. Er erzählte später darüber Heisenberg: »Es gab nach meinem Vortrag keine Opposition und keine schwierigen Fragen; aber ich muß gestehen, daß eben dies für mich das Schrecklichste war. Denn wenn man nicht zunächst . . .« (Werner Heisenberg. *Der Teil und das Ganze. Gespräche im Umkreis der Atomphysik*, R. Piper & Co., München 1969, S. 279 f). Es kann kein Zweifel darüber sein, auf welcher Seite in dieser Begegnung die Philosophie besser aufgehoben war.

31 Idealiter besteht der Zustand des Systems im gegebenen Augenblick aus allem, was an ihm überhaupt gemessen werden

kann: Position + Moment (Geschwindigkeit) + Drehung (spin) usw. All diese Beobachtbarkeiten zusammen, gleichzeitig bekannt für Zeit t_0, würden das ausmachen, was man den »Laplace-Zustand« des Systems nennen kann, der das Ideal der klassischen Physik war. Mit dieser Kenntnis, die als grundsätzlich möglich erachtet wurde (und es für die Großobjekte der klassischen Physik, von den Sternen abwärts, im ganzen auch war), sind auch alle zukünftigen und vergangenen Zustände bekannt, nämlich determiniert. Eben diese *gleichzeitige* Kenntnis ist aber grundsätzlich unmöglich für die Objekte der Quantentheorie, obwohl jeder Faktor für sich allein wißbar ist: Gerade die Aktualisierung des Wissens in einer Richtung verwirkt dasjenige in einer andern Richtung – siehe Fortsetzung im Text.

32 Nicht etwa ultraphysisch: »ultraphysikalisch« = jenseits des Griffes der Physik ist ein erkenntnistheoretischer Begriff, während »ultraphysisch« = jenseits der Körperwelt ein ontologischer wäre, der die in Frage stehende Wirklichkeit in einen andern Seinsbereich versetzen würde, z. B. den mentalen (in welchem Falle sie gerade eminent wißbar wäre). Die nächste Analogie zu der beabsichtigten Bedeutung im philosophischen Vokabularium ist vielleicht Kants »noumenon«, bezogen auf das »Ding an sich«, dessen formaler *Begriff* zu den intelligiblen, d. h. vom Intellekt allein gebildeten und für ihn notwendigen gehört, von dessen *Inhalt* wir aber keine Anschauung erlangen können.

33 Der Rest dieses Abschnittes (4) steht außerhalb der Wiedergabe des Gesprächs, in dem diese rückschauende Betrachtung nicht vorkam.

34 Siehe Niels Bohr, *Atomic Theory and the Description of Nature* (Cambridge 1961), S. 24 und 100 ff. Ob sich im Nachlaß von Bohr, der 1962 starb, weitere Ausführungen des Gedankens fanden, ist mir nicht bekannt.

35 Für die Partikel/Wellen-Alternative ist die Verschmelzung von epistemischer mit ontologischer Bedeutung, gewagt wie sie ist, immerhin im Bereich des Argumentierbaren, da die fragli-

chen »Gegenstände« von vornherein entia rationis (theoretische Konstrukte) sind. Z. B. der Wellenaspekt des quantenmechanischen Vorgangs, obwohl mathematisch isomorph mit der Beschreibung einer konkreten materiellen Welle, bezeichnet doch ein so hochabstraktes »Objekt« wie eine Wahrscheinlichkeitswelle, deren Realitätsstatus und existentielle Unabhängigkeit vom begriffsbildenden Beobachter in der Tat fragwürdig ist. Auch »Partikel« ist hier mehr ein Bild (»Schema«) als eine Substanzsetzung. Beides sind Kunstbehelfe des Denkens. Nichts dergleichen gilt für solche konkrete, inhaltsgesättigte Urdaten unserer Erfahrung wie Leib und Bewußtsein.

36 Vgl. des Verfassers Aufsatz »Parallelism and Complementarity: The Psycho-Physical Problem in Spinoza and in the Succession of Niels Bohr«, in: Richard Kennington (ed.,), *The Philosophy of Baruch Spinoza*, Studies in Philosophy and the History of Philosophy, vol. 7, The Catholic University of America Press, Washington, D. C., 1980, pp. 121-130. [Titel des Aufsatzes dort verstümmelt durch Setzerirrtum.] Die folgenden Ausführungen sind diesem Aufsatz entnommen.

37 Dies gilt für beide Seiten, obwohl es offenkundiger ist für die mentale, an der wir es exemplifizierten: eine Sinnesempfindung hat ein physisch Koexistentes zum Gegenstand und auch (normalerweise) zur Ursache, kann also – mindestens im ersteren Betracht – überhaupt nur mit ihm zusammen gedacht werden: sie *deklariert* sich selbst *als* die Empfindung eines körperhaft Äußeren. Die physische Seite läßt sich eher isolieren: man *kann* die Physik des Auges, strukturell und funktionell, ohne Bezugnahme auf Sehen analysieren, und so bei jedem Teil und sogar dem Ganzen des physischen Organismus. Aber ich bezweifle, daß sich dies sinnvoll lange durchhalten läßt (z. B. von Gehirnprozessen handeln, ohne ihre mentale Rolle zu erwähnen), und sogar, ob sich überhaupt von den qualitätsentblößten Entitäten der Physik sprechen läßt, ohne *in* der Negation eben die Sinnesqualitäten zu implizieren, *von* denen sie abstrahiert worden sind.

Schließlich müssen wir auch sagen, daß das Pigment auf der Leinwand die Farbempfindung in uns erzeugt, die ihm entspricht: dieses *Wirken auf* den Geist ist so gewiß eine Feststellung über das physische Ding (als eine seiner Fähigkeiten) wie das davon Affiziertwerden eine Feststellung über den Geist ist (als eine seiner Eigenschaften). Kurz, die beiden »Klassen«, gleichviel ob die eine oder die andere thematisiert ist, überkreuzen sich fortwährend (oder: interferieren miteinander), und eben dies ist die Crux der Sache.

38 Noch einfacher, auf dieser formalistischen Ebene, ist der Einwand, daß wir im quantentheoretischen Fall mit Daten derselben Art beginnen (Raum-Zeit-Messungen) und mit einer Zweiheit von Repräsentationen unserer Schöpfung enden, um jenen Rechnung zu tragen; wogegen wir im Leib-Seele-Verhältnis mit einer Zweiheit kardinal verschiedener Daten (keineswegs von uns geschaffen) beginnen und sie dann theoretisch zu vereinen suchen. Ihre Interpretation als in irgendeinem Sinne »komplementär« wäre dann eine solche Einheitstheorie. Jedenfalls aber ist die Richtung der logischen Operation in den zwei Fällen entgegengesetzt: die eine ergibt ein divergierendes Modell aus Gleichartigem, die andere zielt auf ein konvergierendes aus Verschiedenartigem. – Diese rein formalen Einwände übrigens, speziell derjenige der »sich schneidenden Linien«, treffen sämtliche extraterritorialen Verwendungen des Prinzips, die mir bekannt sind (z. B. in den Sozialwissenschaften): sie alle verletzen den Charakter zumindest semantischer gegenseitiger Exklusion, den die Dualität im quantentheoretischen Original hat, und kommen schon hieran allein zu Schaden.

39 Für Spinoza wurde dies in dem oben, Anm. 36, genannten Aufsatz ausführlicher gezeigt, wobei eine Überlegenheit seines Modells über das eines mißbrauchten Komplementaritätsprinzips zutage trat.

40 Vgl. oben S. 40 ff., Sektion e, Descartes' Räsonnement über eine exakte physische Nachbildung von Organismen (durch

ihren Schöpfer selbst, um Vollkommenheit der Nachahmung zu garantieren!).

41 Siehe E. Schrödinger in *Naturwissenschaft* 23 (1935), S. 807.

42 Auf den Einwand, daß kein Statistiker es sich einfallen ließe, eine solche Aussage über die Person x aufgrund einer Sterblichkeitstabelle für eine Bevölkerung zu machen (daß er vielmehr sagen würde, es sei überhaupt keine Aussage über den Einzelfall möglich), ist zu erwidern, daß die beiden Fälle nicht analog sind. In normaler Statistik ist Gegenstand des Wissens die *Bevölkerung* und *darauf* gründen sich und beziehen sich die Vorhersagen: keine sind für das Individuum erwartet. Aber bei Schrödingers Katze hat es das anfängliche Wissen gerade mit dem Zustand des *individuellen* Systems zu tun, und über *seinen* künftigen Zustand *sind* daher Vorhersagen zu erwarten, die von der Schrödingerfunktion ja auch geliefert werden. Die zutreffende Analogie ist daher nicht zwischen der Katze und dem Individuum x, sondern zwischen der Katze und der Bevölkerung, zu der x gehört – und für letztere ist die Vorhersage, daß in t_1 zwei Drittel von »ihr« (= ihren nicht spezifizierten jetzigen Mitgliedern) lebendig und ein Drittel tot sein werden, vollkommen sinnvoll und vielleicht wahr. Aber für die unteilbare, eine Katze ist sie wörtlich unsinnig und nur als logisches Ausrufungszeichen »wahr«. Für beide Fälle natürlich stünde die einfache, unproblematische Aussage zur Verfügung, daß die Chancen für das Individuum (Katze oder x), zur späteren Zeit noch am Leben zu sein, 2 : 1 stehen, und man könnte es dabei belassen. Aber damit hätte man einen kardinalen Unterschied überdeckt. Denn im Falle gewöhnlicher Statistik würde die Aussage (z. B. für die Versicherungsgesellschaft) nicht mehr ausdrücken als die Mitgliedschaft des Individuums in der Menge, von der das Wahrscheinlichkeitsverhältnis als Durchschnittswert über die passende Zeitlänge abgelesen wurde; sie wäre jedes kausalen Sinnes bar (wenn man nicht das stillschweigende »rebus sic stantibus« dafür nehmen will): keine dynamische Analyse des Zustandes – weder des Ganzen noch

des Teiles – trug zu ihrer Gewinnung bei. Dagegen in Schrödingers Fall drückt die Aussage gerade die interne – und in sich selber probabilistische – »Kausalität« des analysierten individuellen Systemzustandes selber aus: schwerlich eine vergleichbare Situation.

Es ist dieser Unterschied, und der unkonventionelle Charakter von Vorhersage unter quantenmechanischen, probabilistischen Bedingungen gegenüber denen der klassischen Mechanik (worunter die Bevölkerungsstatistik gänzlich fällt), was das Oxymoron meines Unterredners zum Ausdruck bringen sollte. Dies Besondere ginge verloren, wenn man es mit dem klassischen Verhältnis großer Zahlen zu den Einzelfällen zusammenwürfe, welches in der Tat präzise, obwohl nicht kausal hergeleitete, Vorhersagen ergibt – nämlich für die großen Zahlen. (Weiteres hierzu siehe nächste Anmerkung.)

43 In der Bevölkerungsstatistik können wir ein hohes Maß von quasi-Determinismus bezüglich Sterbe-, Geburts-, Verbrechensraten (usw.) zulassen, ohne damit irgendwelche Einzelfälle zu determinieren, z. B. ob und wann *ich* sterbe, zeuge, ein Verbrechen begehe. Die Einzelfälle sind als verschiedenartig durch Bündel je ihnen eigener, individueller Ursachen determiniert gedacht – bekannter oder unbekannter, jedenfalls aber ignorierter Ursachen, die sich in genügend großen Bevölkerungsproben zu den beobachteten Durchschnittswerten ausgleichen. Wieder beachte man den Unterschied zum scheinbar gleichen Resultat im Schrödinger-Beispiel. Dort mußten wir, um dies Resultat zu erzielen, möglichst identische Anfangsbedingungen für die Teile stipulieren, d. h. die Einzelfälle als praktisch einander *gleich* ansetzen (woraufhin dann die Analyse des Einzelfalles für die Kollektivvorhersage genügt). Keine derartige Bedingung ist der gewöhnlichen Statistik auferlegt. Da resultiert im Gegenteil die bestimmte Gesamtrate gerade aus dem Zusammenfluß beliebig *verschiedener* Anfangsbedingungen (und daraus folgender kausaler Laufbahnen) in den Individuen des Aggre-

gats, deren keinem dies Summenergebnis anzusehen ist und auf deren keines es einen Rückschluß erlaubt. Die Vervielfachung von Schrödingers Katze hingegen tut nichts weiter, als den von Anfang unter sich gleichen Wahrscheinlichkeitszustand der Teile in der distributiven Entscheidung des Ganzen *zum Vorschein* zu bringen (läßt also von daher auch auf jenen Zustand zurückschließen). Oder: der statistische »Mittelwert« fällt hier mit der probabilistischen Funktion des Einzelfalls zusammen.

44 Das ist nicht nur technisch phantasierbar, sondern in tatsächlicher Praxis wohlbekannt: Jeder Geigerzähler, der einzelne Strahlungspartikel sinnlich wahrnehmbar (also makroskopisch) registriert, ist ein Beispiel.

Anhang

Kausal mehrwertige Schwellensituationen und die Theorie der Geschichte

Die S. 70 ff. entwickelte Hypothese physisch neutraler Schwellensituationen, die als Einfallsorte für Interventionen mentaler Herkunft dienen können, eröffnet den Ausblick auf eine mögliche Theorie der *Geschichte*, worin Zufall, Freiheit und Notwendigkeit zusammen bestehen können und Raum ist für neu anhebende – sogar große fernere Verläufe entscheidende – Initiative geist-leiblicher Einzelsubjekte (vgl. Anmerkung 21 zu S. 75). Diese historische Perspektive findet sich etwas ausgearbeitet in meiner *Bultmann-Gedenkrede* von 1976, wo auf die zugrundeliegende naturphilosophische Hypothese (erstmals vorgelegt 1976, s. o. Anmerkung 1) nur angespielt wird. Die mit meinem verstorbenen Lehrer geführte Diskussion drehte sich, der theologischen Thematik gemäß, um *Gottes* Handeln in der Welt und seine Vereinbarkeit mit den Naturgesetzen, deren Herrschaft Bultmann für lückenlos hielt; aber ich gab zu bedenken, daß in einer deterministisch verstandenen Natur das *menschliche* Handeln kein geringeres Problem aufwirft und in seiner unbestrittenen innerweltlichen Alltäglichkeit zu einer Interpretation weltlicher Kausalität nötigt, die eben diesen Tatbestand akkommodieren kann. Dies führte zu den Geschichtserwägungen, die in der jetzigen Abhandlung nicht vorkommen. Der Leser mag es begrüßen, das abstrakte Schema unserer Allgemeinhypothese mit dem konkreten Inhalt besonderer historischer Anschauung ausgefüllt zu sehen. Mit Erlaubnis des Verlages J. C. B. Mohr

(Paul Siebeck) sind daher die folgenden Ausführungen auf S. 59-63 des Aufsatzes »Im Kampf um die Möglichkeit des Glaubens« – enthalten in GEDENKEN AN RUDOLF BULTMANN, Tübingen 1977 – wiedergegeben:

Nun glaube ich aber, daß Bultmann mit Kant eine übertriebene Vorstellung von der Enge und Straffheit weltlicher Kausalität teilt. Danach ist sie so eindeutig determinativ, daß jede Einführung einer nichtphysischen Ursache in den Naturlauf dem Zerreißen einer Kette gleichkommt, also einem Fall des verpönten Mirakels. Es ist aber zu erinnern, daß das »Wunder« nichtphysischer Intervention ins Physische *ohne* Zerreißung seines Zusammenhanges, also ohne »Mirakel«-Charakter, unaufhörlich und als uns Allervertrautestes geschieht, nämlich jedesmal, wenn wir aus bewußter Wahl handeln – was nichts anderes heißt, als den äußeren Verlauf von innen her mitzubestimmen so, daß er nun anders verläuft, als er ohne unser Zutun aus unphysischer Quelle, sich allein überlassen, verlaufen wäre – was wiederum die Vorbedingung einschließt, daß am Punkte unseres Eingreifens mehrere Möglichkeiten offenstanden, deren *jede* die Vorschrift der Naturgesetze gleich gut erfüllte. Andernfalls wäre all unser Handeln nur ein täuschender Schein. Aber niemand, auch der Naturwissenschaftler nicht, läßt sich vom Stirnrunzeln eines physikalischen Determinismus (der natürlich immer von der Natur mehr behauptet, als sich im Prinzip je beweisen läßt) davon abhalten, im Augenblick des Erwägens mit dem Offensein von mehr als einer Möglichkeit, als der Voraussetzung des Erwägens selber, wie selbstverständlich zu rechnen. Der Glaube seiner Freiheit hat praktisch immer den Vortritt vor dem Glauben einer ohnehin sich übernehmenden Theorie. Dem von jenem Stirnrunzeln und dem dahinter vermeinten Prestige der Naturwissenschaft dennoch Eingeschüchterten läßt sich zur Beruhigung seines theoretischen Gewissens sagen, daß die Naturwissenschaft das besagte Dilemma gar nicht erzeugen muß und nur eine Metaphysik der Naturwissenschaft sich dazu versteigt. Es ist Sache der Philosophie, zu *zeigen*, daß die Naturgesetzlichkeit sehr wohl neutrale Schwellensituationen zuläßt, Nullpunkte der Indifferenz sozusagen, von denen aus, wie von einer Wasserscheide, der Verlauf jeweils mehrere Richtungen einschlagen könnte, ja unbestimmt viele, die alle den Konstanzgesetzen gleich konform, wenn auch nach Wahrscheinlichkeit sehr verschieden sind. Die blinde Natur wird fast immer die wahrscheinlichste aussuchen, aber der Mensch kann die unwahrscheinlichste Ereignis werden lassen. Das heißt, die Philosophie muß ein Modell der Natur konstruieren, wonach kausal äquivalente Alternativen in ihr möglich sind, so daß menschliches Handeln, sich ihrer bedienend, im Einklang mit den Naturgesetzen möglich ist. Die Grunderfahrung des Handelns fordert dies von der Theorie. Ich füge hinzu, daß ein solches Modell sich unter Wahrung alles dessen, was wir von der Natur wissen, konstruieren läßt.

Der Theologe aber, um zu ihm zurückzukehren, muß sich sagen, daß was dem menschlichen Handeln zugestanden ist, doch dem göttlichen nicht abgesprochen werden kann. Wenn *wir* das »Wunder« täglich vollbringen können (und in gewissem Sinne ist es ja ein Wunder), mit der Wahl unserer Seelen, unserm Wünschen und Wollen, unsern Einsichten und Irrtümern, unsern guten oder bösen Zielen – lauter nichtphysischen Faktoren – in den Lauf der Welt ändernd einzugreifen, dann sollte auch Gott diese Art Wunder innerhalb der intakt bleibenden Naturordnung, also ohne »Mirakel«-Charakter, möglich sein – wenn er sich solches Eingreifen auch wohl für seltene Anlässe und Zwecke vorbehalten mag ...

... Auch bei uns ist der Ursprung im Ich unsichtbar. Aber was dies Unsichtbare im Sichtbaren wirkt, welches ohne diese meine Dazwischenkunft durch Wort und Tat anders verlaufen würde, das ist im Sichtbaren eine so objektive Tatsache wie nur irgend eine, wenn auch ihr alternatives Nichtsein-Können und ihre Herkunft aus der Freiheit des Geistes auf ewig unbeweisbar bleiben. Denn das Geschehende kennen wir immer erst, wenn es geschieht. Doch unbekümmert um Beweisbarkeit zweifelt *unter Menschen* weder der Täter noch der sein Tun Erfahrende oder es Verzeichnende an dieser Herkunft und diesem Auch-anderssein-Können. Es stünde anders, wenn sich solches Tun unfehlbar vorhersagen ließe. Aber es ist eben das Wesen des Handelns, daß es Unerwartetes, Unvorwegnehmbares in die Welt bringt, und die Behauptung, es habe von Anfang an so kommen müssen, hinkt immer hinter der Überraschung, daß es so kam, hinterher.

Die menschliche Seite der hier angerufenen Analogie erstreckt sich vom Kleinen ins Große, von unserm täglichen Tun, dessen Wirkung auf die Welt meist recht bescheiden ist, zum außerordentlichen Tun, das der *Geschichte* eine andere Richtung gibt. Ich weiß natürlich, daß es die Lehre des Geschichtsdeterminismus gibt, aber wer da sagt, mit welcher erlesenen Theorie auch immer, daß hier im Großen die vorentschiedene und im Prinzip vorherwißbare Notwendigkeit herrscht, die im Kleinen vielleicht gelockert ist, der zeigt nur, daß er nicht weiß, was Geschichte ist und wie es in ihr zugeht. Hier vor allem kommt die eitle Klugheit hinterher, die sehr verschieden ist vom *Verstehen* dessen, was in der Geschichte geschah.

Ich darf eine persönliche Erinnerung berichten. Als ich in der Geburtskapelle zu Bethlehem stand, überwältigte mich plötzlich der Gedanke, daß zur Zeit jener Geburt (ob sie hier oder anderswo stattfand) kein Wissen und keine Phantasie, auch nicht die durchdringendste Kenntnis historischer Mechanismen, zu der wir es je bringen können, vorausahnen konnte, was über Jahrtausende daraus folgen würde

– sowenig wie die Geburt *dieses* Individuums selbst vorherzusagen war. Vom säkularen Standpunkt, außerhalb der christlichen Deutung, war das Geborenwerden jener Person, und daß ihr Leben nicht durch Kinderkrankheit oder Kindermord vorzeitig abgeschnitten wurde, und was sonst alles positiv und negativ beim rein tatsächlichen Sine-qua-non mitspielte, der ungeheuerlichste Zufall, der dann die weitere Weltgeschichte entschied. Gewiß, war die Gestalt erst einmal da in der Fülle ihrer Erscheinung, dann kann wohl rückblickend im Verein mit den Zeitbedingungen, der Verfassung der damaligen Menschheit, die geschichtliche Wirkung einigermaßen »erklärt« und verständlich gemacht werden (auch umgekehrt die Einwirkung der Zeit auf die Person) und damit dem weiteren Verlauf so etwas wie »Notwendigkeit« mitgeteilt werden. Aber eben das Zusammentreffen der Person mit den Bedingungen war der Zufall der Zufälle, und wäre er ausgeblieben, so wäre die Weltgeschichte eben anders verlaufen – wir wissen nicht wie, wissen aber dies, daß sie auch dann die gleiche relative Notwendigkeit besessen haben würde: Die Gesetze der Geschichte, was immer sie seien, wären beidemal, wenn auch höchst verschieden, erfüllt worden. So aber hat das Denken, Reden und erscheinende Leben dieses Einen, physisch fast eine Nullität im enormen Massenfeld der Menschheit, dem ganzen weiteren Ablauf auch nach rein profangeschichtlicher Betrachtung eine Rich-

tung gegeben, die es ohne ihn nicht genommen hätte, und die erst nach ihm wieder in gewissem Grade der Zufälligkeit entwächst. Das Gesetz besteht nur darin, daß, wenn ein Stein ins Wasser fällt, von da sich Wellenkreise ausbreiten. Ob, wann und wo einer fallen wird, darüber weiß das Gesetz nichts.
Um aber dem heiligen Beispiel auch das ruchlose zur Seite zu stellen: Wer wollte zweifeln, daß ohne Hitler die Weltgeschichte unserer Zeit anders verlaufen wäre, die Weltkarte heute ganz anders aussehen würde: Kein geteiltes Deutschland, kein Stehen der russischen Macht im Herzen Europas, usw.?; daß es ohne ihn keine »Endlösung der Judenfrage« gegeben hätte, nicht die Ermordung der sechs Millionen, vielleicht daher nicht den Staat Israel und die nun weltpolitische Krise des Nahen Ostens? Wer aber wollte andererseits behaupten, daß ein rechtzeitiger Autounfall oder geglücktes Attentat oder tödliche Krankheit den Gesetzen der Geschichte oder der Kausalität widersprochen hätte und der dann so ganz anders ausgefallene historische Prozeß weniger natürlich, notwendig und erklärbar gewesen wäre, als das, was tatsächlich geschah? So aber kam es, zwar nicht wie es kommen mußte, aber wie wieder einmal ein Geist, handelnd durchs Wort, diesmal zum Unheil, die Welt bewegte.
Beides sind Beispiele für ein »Eingreifen« in den großen Gang der Dinge, das die Weltkausalität offenbar gestattet.

Inhaltsverzeichnis

Alphabetisches Gesamtverzeichnis der suhrkamp taschenbücher

1/2/8.86

1/3/8.86

1/4/8.86

1/5/8.86

1/6/8.86

1/7/8.86

1/8/8.86

1/9/8.86

1/10/8.86

1/11/8.86

1/12/8.86

1/13/8.86

1/14/8.86

1/15/8.86

1/16/8.86